古典文獻研究輯刊

二五編

潘美月・杜潔祥 主編

第 3 冊

左傳人物名號研究（下）

方炫琛 著

國家圖書館出版品預行編目資料

左傳人物名號研究（下）／方炫琛 著 -- 初版 -- 新北市：花
木蘭文化事業有限公司，2017〔民106〕
目 4+200 面；19×26 公分
（古典文獻研究輯刊 二五編；第3冊）
ISBN 978-986-485-241-3（精裝）
1. 左傳 2. 研究考訂
011.08   106015020

ISBN-978-986-485-241-3

9 789864 852413

古典文獻研究輯刊
二五編　第三冊　　　　　　ISBN：978-986-485-241-3

左傳人物名號研究（下）

作　　者　方炫琛
主　　編　潘美月　杜潔祥
總 編 輯　杜潔祥
副總編輯　楊嘉樂
編　　輯　許郁翎、王筑　美術編輯　陳逸婷
企劃出版　北京大學文化資源研究中心
出　　版　花木蘭文化事業有限公司
社　　長　高小娟
聯絡地址　235 新北市中和區中安街七二號十三樓
　　　　　電話：02-2923-1455／傳眞：02-2923-1452
網　　址　http://www.huamulan.tw 信箱 hml 810518@gmail.com
印　　刷　普羅文化出版廣告事業
初　　版　2017 年 9 月
全書字數　444470 字
定　　價　二五編 8 冊（精裝）新台幣 15,000 元

左傳人物名號研究(下)

方炫琛　著

目次

十三畫

1787、儇偃（襄二十五）──齊

案：左傳二十五「賈舉、州綽……儇偃皆死」，杜注：「皆齊勇力之臣。」

1788、彘（哀十七）、孟孺子洩（哀十一）、孟孺子（哀十一）、孺子（哀十四）、武伯（哀十五）、孟武伯（哀十七）──魯

案：左哀十一「孟孺子洩帥右師」，杜注：「孺子，孟懿子之子武伯彘。」以為即孟懿子之子，則孟，其氏也；其稱武伯者，武蓋其諡也。左哀十七孟武伯曰「然則彘也」，自稱彘，則彘、其名也，杜注亦云：「彘，武伯名。」其又稱洩者，解詁謂「洩、彘聲相近，故彘通作洩」，而朱駿聲則謂「孟武伯名彘、字子洩」，以洩為其字，見說文通訓定聲彘字下。左哀十一楊注亦謂「洩，其字」。其稱孺子者，以其被立為嗣子，故稱孺子，詳頁七三。

1789、彘裘（襄十四）──晉

案：左襄十四晉「彘裘亦幼」，杜注：「裘，士魴子也。」士魴又稱彘季，以其食邑於彘，因以為氏，參 0023 士魴條。故其子亦以彘為氏，曰彘裘。

1790、微子啟（僖六）──宋

案：左僖六「微子啟如是」，杜注：「微子啟，紂庶兄，宋之祖也。」尚書微子篇偽孔傳云：「微、圻內國名，子，爵。」以微為殷圻內國名，子為其爵。孔疏云：「微、國、在圻內，先儒相傳為然……微子名啟，世家作開，避漢景帝諱也……其弟仲衍……史記稱微仲衍，衍亦稱微者，微子封微，以微為氏，故弟亦稱微，猶如春秋之世，虞公之弟稱虞叔、祭公之弟稱祭叔。」謂微子之微為其氏。

1791、微虎（哀八）──魯

案：左哀八「微虎欲宵攻王舍」杜注：「微虎，魯大夫。」

1792、敬王（昭二十二）、東王（昭二十三）──周

案：左昭二十二「敬王即位」，杜注：「敬王，王子猛母弟王子匄。」孔疏引諡法以釋敬字，以敬為其諡。左昭二十三載萇弘謂劉文公曰「今西王之大臣亦震，天棄之矣，東王必大克」，杜注：「子朝在王城，故謂西王。」又云：「敬王居狄泉，在王城之東，故曰東王。」謂敬王在王城之東，故稱東王。

1793、敬姒（成十四）——衛

　　案：左成十四衛侯「使孔成子、甯惠子立敬姒之子衎以爲大子」，杜注：「敬姒，定公妾。」敬姒之敬與其夫衛定公之謚異，則敬蓋敬姒之謚也，姒則其母家姓。

1794、敬嬴（文十八）、夫人嬴氏（宣八經）——魯

　　案：左文十八「文公二妃敬嬴生宣公」，則敬嬴爲魯文公次妃，魯宣公之母也。左宣八經「夫人嬴氏薨……葬我小君敬嬴」、杜注：「敬，謚；嬴，姓也。」以其謚配母家姓，故稱敬嬴。

1795、敬歸（襄三十一）——魯

　　案：左襄三十一「立胡女敬歸之子子野」，杜注：「敬歸，襄公妾。」敬歸之敬與其夫魯襄公之謚異，則敬蓋敬歸之謚，歸則爲其母家姓，同傳載其娣曰齊歸，齊亦齊歸之謚，以謚配母家姓故曰齊歸也。

1796、新築人仲叔于奚（成二）——衛

　　案：左成二「新築人仲叔于奚救孫桓子」，杜注：「于奚，守新築大夫。」守邑大夫以邑名冠「人」字爲稱，如孔子之父叔梁紇，爲鄹邑大夫，論語稱孔子爲「鄹人之子」，左襄十稱叔梁紇爲郰人紇，參 1607 郰叔紇條。左昭九亦稱甘大夫襄爲甘人，此稱新築人，與彼同義。于奚蓋其名，杜注稱于奚，蓋以仲叔爲其氏，古人有以二先人之行次爲氏者，如魯公子牙之後爲叔孫氏，叔孫氏別出叔仲氏，叔仲氏蓋以公子牙之行次「叔」，配公子牙之子武仲休之行次「仲」而爲叔仲氏，參 0962 叔仲彭生條。論語憲問孔子謂衛靈公臣「仲叔圉治賓客」，或亦氏仲叔也。

1797、會（定八）——魯

　　案：左定八魯「師退，冉猛僞傷足而先，其兄會乃呼曰……」則會爲冉猛之兄，會蓋其名。

1798、楊食我（昭二十八）、楊石（昭五）、食我（昭二十八）、伯石（昭二十八）——晉

　　案：左昭二十八「晉殺祁盈及楊食我」，杜注：「楊、叔向邑，食我，叔向子伯石也。」楊爲叔向邑，左昭五蘧啓彊已稱叔向爲「楊肸」，以楊爲氏，故其子亦氏楊。解詁：「晉楊食我，字伯石。」以食我爲名，伯石爲字。伯石二字，伯爲行次，石爲其字，古人字上冠子、冠行次，稱子某、伯某、叔某……

而成通行之名號，詳見上篇第二章，以其字爲「石」，故左昭五楚蒍啓彊稱之爲「楊石」。

1799、楊孫（僖三十）──秦

　　案：左僖三十「使杞子、逢孫、楊孫戍之」，杜注：「三子，秦大夫。」廣韻以楊孫爲複氏，或楊爲其氏，詳見 1597 逢孫條。

1800、楊豚尹宜（襄十八）──楚

　　案：左襄十八楚子「使楊豚尹宜告子庚曰」，楊或作揚，校勘記云：「石經、宋本、淳熙本、岳本、足利本楊作揚，釋文同。」日知錄卷五謂楚有「楊豚尹」之官，春秋大事表十亦以「揚豚尹」爲楚官名，左通補釋十七云：「說苑奉使篇楚莊王欲伐晉，使豚尹觀焉，因疑豚尹如周官豕人、羊人之屬，揚、其氏；宜、其名也。」據說苑，則楚有豚尹之官矣，梁履繩以楊爲其氏，豚尹爲其官，宜爲其名，蓋是。

1801、楚子居（昭二十六經）、公子棄疾（昭四）、棄疾（昭十一）、蔡公（昭十一）、君司馬（昭十三）、熊居（昭十三）、平王（昭十三）、楚子（昭十四）、楚王（昭二十五）、楚平王（昭二十六）──楚

　　案：左昭十三經「楚公子棄疾殺公子比」，經多書名，棄疾當是其名。左昭十一載楚靈王使棄疾爲「蔡公」，楚縣大夫曰公，以是年楚靈王滅蔡，使棄疾治之，故稱蔡公，與左昭八楚滅陳，「使穿封戌爲陳公」同例。左昭二十六稱楚平王，平蓋其謚也。同年經「楚子居卒」，則居爲其名，詳 0857 宋公固條，而左昭十三云「棄疾即位，名曰熊居」，史記楚世家亦云「棄疾即位爲王，改名熊居」，皆謂棄疾即位後易名爲熊居，以熊居爲其名，何也？楚君之名多冠以熊字，如左哀六楚「逆越女之子章立之」稱楚惠王曰章，章當是其名，而列女傳卷五云：「迎越姬之子熊章立」，左昭十三楊注亦謂曾侯鐘銘稱「楚王熊章」，皆於名上冠熊字也。左文元經「楚世子商臣弑其君頵」，則頵爲楚成王之名，漢書古今人表作惲，云：「楚成王惲」，而史記楚世家既稱惲，又稱熊惲，亦是名上冠熊字也。以此例之，則史記楚世家書楚君名曰熊麗、熊狂、熊繹、熊艾、熊揚、熊黑、熊勝……凡二十餘君稱熊某，蓋皆某爲其名，而感爲其名上所冠之字，據楚世家始稱熊字者，爲殷末之穴熊，周初之鬻熊，熊字殿下，而自鬻熊之孫熊麗始，世稱熊某，通志氏族略第二云：「以王父字爲氏者，古之道也，然亦有以名爲氏者，楚以鬻熊之故，世稱熊氏。」則以熊爲其氏，並謂熊氏得自鬻熊之名，然鬻熊先人已稱穴熊，路史後紀八云：「附

敍始封於熊，故其子爲穴熊。」附敍，楚世家作附沮，此以熊爲地名，蓋子孫因以爲氏也。

1802、楚子昭（襄二十八經）、楚子（襄十四）、楚王（襄二十六）、楚康王（襄二十八）、唐王（昭十三）──楚

　　案：左襄二十八經「楚子昭卒」，則昭、其名也，詳 0857 宋公固條。杜注：「康王也。」傳亦稱「楚康王卒」，康蓋其諡也。

1803、楚子旅（宣十八經）、楚莊王（文十四）、楚子（文十四）、莊王（成二）、莊（昭元）──楚

　　案：左宣十八經「楚子旅卒」，則旅、其名也，詳 0857 宋公固條。旅，穀梁作呂，春秋異文箋云：「旅，呂音同義通。」史記楚世家作侶。傳稱「楚莊王卒」，莊蓋其諡也。

1804、楚子虔（昭十一經）、公子圍（襄二十六）、王子圍（襄二十六）、令尹圍（襄三十一）、令尹（襄三十一）、圍（昭元）、楚靈王（昭元）、楚王（昭元）、楚子（昭三）、虔（昭十三經）、靈王（昭十三）──楚

　　案：左襄二十六「公子圍與之爭之」，杜注：「公子圍，共王子靈王也。」楚僭稱王，故左襄二十六伯州犂稱之爲「王子圍」。左襄二十九「王子圍爲令尹」，以其爲令尹，故左襄三十一謂之「令尹圍」。左昭元經「叔孫豹會晉趙武、楚公子圍……于虢」，經多稱名，則圍，蓋其名。同傳公子圍令伯州犂對鄭大夫曰：「圍布几筵……」自稱圍，更可證圍爲其名。然其即位後，則改名曰「虔」，故左昭十一經書「楚子虔語蔡侯般殺之于申」，左昭十三經書「楚公子比……弒其君虔於乾谿」，皆稱虔，楚君有即位改名之例，如公子棄疾即位後改名曰居，棄疾之大子壬即位後改名曰軫，詳頁三十。其稱靈王者，靈蓋其諡也。

1805、楚子軫（哀六經）、大子壬（昭二十六）、昭王（昭二十六）、楚子（昭三十）、楚昭王（哀六）──楚

　　案：左昭二十六「楚平王卒，令尹子常……曰『大子壬弱……』」，杜注：「壬，昭王也。」壬當是楚昭王之名，而左哀六經書楚昭王之卒云：「楚子軫卒」，則軫爲其名，詳 0857 宋公固條。杜注云：「未同盟而赴以名。」亦以軫爲其名。則楚昭王有二名，爲大子時名壬，即位後改名「軫」也，猶如乃父楚平王，原名棄疾，即位後改名「居」也，見 1801 楚子居條。左昭二十六「乃

立昭王」，昭蓋其謚也。

1806、楚子審（襄十三經）、共王（成二）、楚子（成孔）、楚共王（成十六）、楚王（成十六）、共（昭十三）——楚

　　案：左襄十三經「楚子審卒」，則審，其名也，詳 0857 宋公固條。傳稱「楚子疾，告大夫曰：『不穀不德……請爲靈若厲，大夫擇焉。』……楚共王卒，子囊謀謚，大夫曰：『君有命矣。』子囊曰：『君命以共，若之何毀之？赫赫楚國，而君臨之，撫有蠻夷，奄征南海，以屬諸夏，而知其過，可不謂共乎？請謚之共。』大夫從之。」謂楚子審臨死請受靈或厲之惡謚，而子囊則謚之「共」，明謂共爲其謚。

1807、楚子麇（昭元經）、郟敖（襄二十九）、麇（昭四）——楚

　　案：左昭元經「楚子麇卒」，則麇、其名也。詳 0857 宋公固條。麇，公、穀作「卷」，春秋異文箋云：「卷，古音袞，與九倫反之麇字音正相近，故公羊作卷。」左昭元載公子圍弒楚子麇「葬王於郟，謂之郟敖」，楚人於其君無謚或不以謚稱，有以葬地之名冠「敖」字爲稱者，敖蓋酋豪之義，詳 1667 堵敖條。

1808、楚文王（莊六）、楚子（莊六）、文王（莊十八）——楚

　　案：左莊六「楚文王伐申……」，據史記楚世家，此楚武王之子。

1809、楚武王（桓六）、楚子（桓六）、武王（哀十七）——楚

　　案：左桓六「楚武王侵隨」，楚世家稱楚武王爲熊通，並載熊通曰：「成王舉我先公，乃以子男田令居楚，蠻夷皆率服，而王不加位，我自尊耳，乃自立爲武王。」謂熊通自立爲王。依楚世家，熊通先人熊渠已立其三子爲王，旋即去王號，至熊通始又稱王。上引楚世家謂周成王封楚先君以子男之田，蓋楚君原稱子、男，至楚武王始正式僭號稱王，自是不改，杜預注左桓二、左莊四傳，亦謂楚武王始僭號稱王，楚世家「乃自立爲武王」，會注考證云：「宜言自立爲王，武字謚號，後來史家所加。」而左桓二孔疏引劉炫云：「號爲武，武非謚也。」則以武爲其生號，非死謚。

1810、楚莊夫人（襄九）——楚

　　案：左襄九「楚莊夫人卒」，杜注：「共王母。」楚莊夫人即楚莊王之夫人也。

1811、楚隆（哀二十）、隆（哀二十）——晉

案：左哀二十「越圍吳，趙孟降于喪食，楚隆曰……」，杜注：「楚隆，襄子家臣。」謂楚隆爲趙襄子家臣。傳又載楚隆告吳王曰「寡君之老無恤，使陪臣隆……」，自稱隆，則隆，其名也，楚蓋其氏也。鄭然丹之楚，傳稱鄭丹，楚大子建在宋，傳稱楚建，楚隆或楚之子孫，之晉，因稱楚隆歟？

1812、歜孫（莊十一）——魯

案：左莊十一「公右歜孫生搏之」，據傳，歜孫爲魯人。

1813、溷（定六）、子明（定九）——宋

案：左定八晉范鞅私謂樂祁曰「子姑使溷代子」，杜注：「溷、樂祁子。」范鞅於樂祁前稱樂祁之子，當稱名，則溷、其名也。左定九稱其曰「子明」，解詁云：「宋欒溷，字子明。」以溷爲其名，子明爲其字。

1814、溺（莊三經）——魯

案：左莊三經「溺會齊師伐衛」，杜注：「溺，魯大夫。」經多書名，溺蓋其名也。穀梁云：「貶而名之。」亦以溺爲其名。

1815、滑伯（莊十六經）——滑

案：左莊十六經「會齊侯、宋公……滑伯、滕子，同盟于幽」，杜注：「滑，國」，則滑伯爲滑國之君也。

1816、滑羅（定十二）、羅（定十二）——衛

案：左定十二「滑羅殿」，杜注：「羅，衛大夫。」傳又稱「羅曰」，則羅或其名也。

1817、熙（昭二十九）

案：左昭二十九「少皡氏有四叔……脩及熙爲玄冥」，杜注：「二子相代爲水正。」以熙爲人之名號。孔疏云：「四叔，是少皡之子孫，非一時也。」楊注則云：「定四年傳『五叔無官』，杜注謂管叔、蔡叔等，皆稱叔，亦皆武王之弟，又云『三者皆叔也』，三叔指周公、康叔、康叔，此四叔疑少皡氏之弟輩。」以熙爲少皡之弟。

1818、煬公（定元）——魯

案：左定元「季平子禱於煬公」，史記魯周公世家「魯公伯禽卒，子考公酋立，考公四年卒，立弟熙，是爲煬公」，則煬公乃伯禽之子也。是時猶未有諡法，煬或其生號。

1819、瑕呂飴甥（僖十五）、呂甥（僖十）、子金（僖十五）、陰飴甥（僖十
　　　五）、呂（僖二十四）、瑕甥（僖二十四）——晉

　　　案：左僖十五「晉侯使郤乞告瑕呂飴甥」、杜注：「瑕呂飴甥即呂甥也，
蓋姓瑕呂，名飴甥，字子金。」同傳「晉陰飴甥會秦伯……」杜注：「陰飴甥
即呂甥也，食采於陰，故曰陰飴甥。」謂名飴甥、字子金，姓瑕呂，食采於
陰也。杜氏所謂「姓瑕呂」之姓，當是指氏，從俗故稱姓耳。顧炎武左傳杜
解補正云：「呂、氏也，瑕，其邑名，如成元年瑕嘉之瑕，蓋兼食瑕、陰二邑，
非姓也。」是謂呂為其氏，瑕、陰則為其食邑名。左通補釋六據續漢書郡國
志注引河東郡永安故巍博物記「有呂鄉、呂甥邑也」之文，云：「呂甥以邑為
氏。」又云：「二十四年稱瑕甥，瑕亦其邑，故并稱瑕呂，通志氏族略五所謂
複姓瑕呂氏，是也。其稱陰飴甥者，兼食陰邑耳。」梁氏以為呂、瑕、陰皆
其食邑，以邑為氏，故重其二邑名曰瑕呂，因以為氏也。其稱飴甥者，梁氏
亦有說焉，云：「甥者，蓋晉侯之甥，即以為名，如鄧之三甥，氏族略四云：
『甥氏，以名為氏，晉呂甥之後』可證。飴其名，甥連稱之，如魯縣房甥、
富父終甥、宋公子穀甥是已。」謂其人本名飴，蓋其為晉侯之甥，即以甥為
名，以其本名飴配甥連稱之，曰飴甥，左僖十楊注從之。解詁云：「晉瑕呂飴
甥，字子金。」以子金為其字，與杜注同。

1820、瑕辛（昭十二）——周

　　　案：左昭十二「殺瑕辛于市」，杜注：「周大夫。」杜氏世族譜周雜人下
列瑕辛。

1821、瑕叔盈（隱十一）——鄭

　　　案：左隱十一「瑕叔盈又以蝥弧登」，杜注：「瑕叔盈，鄭大夫。」

1822、瑕禽（襄十）——周

　　　案：左襄十「王叔之宰與伯輿之大夫瑕禽坐獄於王庭」，則瑕禽為周人。

1823、督戎（襄二十三）——晉

　　　案：左襄二十三「欒氏之力臣曰督戎」，則督戎為晉人。

1824、稠（昭二十二）——周

　　　案：左昭二十二「單子殺還……稠」，楊注謂稠為周之王子，稠為其名，
詳0477王子還條。

1825、與夷（隱三）、殤公（隱三）、宋公（隱四經）、宋殤公（隱四）——
　　　宋

　　案：左桓二「宋督弒其君與夷」，經多書名，與夷蓋其名。左隱三宋穆公
曰「先君舍與夷」，與夷爲宋穆公兄宣公之子，以君稱臣，以君稱晚輩，當稱
其名，亦可證與夷爲其名。其稱殤公者，殤蓋其謚也。

1826、葛嬴（僖十七）——齊

　　案：左僖十七「齊侯好內……內嬖如夫人者六人……葛嬴生昭公」，左桓
十五經葛人來朝，杜注以葛爲國，則稱葛嬴者，蓋以母家國名配母家姓爲稱
也。

1827、董（昭十五）——周→晉

　　案：左昭十五「及辛有之二子董之晉，於是乎有董史」，安井衡左傳輯釋
云：「二子，次子也，謂第二子。」則董爲周辛有之次子。安井衡又謂董之孫
「以王父之字爲氏，改爲董氏耳」，以董爲其字。

1828、董父（昭二十九）

　　案：左昭二十九「昔有飂叔安，有裔子曰董父……帝賜之姓曰董，氏曰
豢龍」，會箋云：「董父是後賜姓所稱也，非其始有此號，與名曰玄妻同。」
據傳，董爲其姓，男子以姓配「父」爲稱，實屬罕見，依左傳人物名號通例，
男子冠氏，女子繫姓，與此不同。

1829、董安于（定十三）、安于（定十三）——晉

　　案：左定十三「董安于聞之……安于曰……」，杜注：「安于，趙氏臣。」
謂晉趙鞅之家臣也。董蓋其氏，安于當是其名。

1830、董叔（襄十八）——晉

　　案：左襄十八「董叔曰」，會箋云：「董叔，董狐之後，世爲史官。」謂
董爲其氏。叔或其行次。

1831、董狐（宣二）——晉

　　案：左宣二「董狐，古之良史也」，董狐爲晉之大史。

1832、虞（昭元）、唐叔（僖十五）、大叔（昭元）——晉

　　案：左僖二十八晉筮史曰「先君唐叔，武之穆也」，左昭十五周景王謂唐
叔「成王之母弟也」，以唐叔爲周武王子，周成王母弟，然近人據晉公盦所載

唐公左右武王之文，以爲唐叔當是文王子、武王弟，詳高去尋晉之始封及春秋大事表列國爵姓及存滅表譔異冊一「晉」下。其稱唐叔者，左昭元「當武王邑姜方震大叔，夢帝謂己：『余命而子曰虞，將與之唐……』……及成王滅唐，而封大叔焉」，則因其封於唐，故稱唐叔。唐叔之唐，爲其國名，其後稱晉者何？史記晉世家云「唐叔子燮，是爲晉侯」，毛詩唐譜曰「成王封母弟叔虞於堯之故墟，曰唐侯，南有晉水，至子燮，改爲晉侯」，則晉始祖唐叔原稱「唐」，其子燮始以晉水故改稱晉也。其稱虞者，左昭元載唐叔母夢帝曰「余命而子曰虞」，又云「及生，有文在其手曰虞，遂以命之」，據此則虞爲其名。其稱大叔者，傳之作者蓋謂唐叔爲成王之大弟，參頁五五。

1833、虞公（桓十）──虞

　　案：左桓十「虞叔有玉，虞公求旃」，虞公爲虞國之君，參 1835 虞仲條。

1834、虞丘書（襄十六）──晉

　　案：左襄十六「虞丘書爲乘馬御」，廣韻丘字注引虞丘書，以虞丘爲「複姓」，左通補釋十七云：「通志氏族略三以虞丘爲晉邑，書固以邑爲氏者。」謂虞丘書以邑爲氏。

1835、虞仲（僖五）──虞

　　案：左僖五宮之奇謂「大伯、虞仲，大王之昭也」，則虞仲爲大王之子。疑虞仲爲虞始封君，參崔述豐鎬考信錄卷八，仲則其行次，故傳載其兄曰大伯，其弟曰王季，並以伯、仲、季爲稱。以國名配行次曰虞仲，與管叔、蔡叔之稱同。

1836、虞叔（桓十）、叔（桓十）──虞

　　案：左桓十「虞叔有玉，虞公求旃……叔曰……」，杜注：「虞叔、虞公之弟。」叔，其行次也。

1837、虞思（哀元）

　　案：左哀元載少康「逃奔有虞……虞思於是妻之以二姚」，杜注：「虞，舜後諸侯也。」又云：「思，有虞君也。」虞爲國名，舜後，姚姓，故其女曰姚，稱虞思者，虞爲其國名，即其氏，因冠名或號上爲稱，與左昭三稱舜之後遂曰虞遂者同。

1838、虞遂（昭三）、遂（昭八）

　　案：左昭三「箕伯、直柄、虞遂、伯戲」，杜注：「四人皆舜後，陳氏之

先。」左昭八「舜重之以明德，實德於遂，遂世守之，及胡公不淫，故周賜之姓，使祀虞帝」，杜注：「遂，舜後，蓋殷之興，存舜之後，而封遂。」據傳，遂爲周所封陳胡公之先人；遂又稱虞遂，以其爲舜後，舜之氏爲虞，遂承襲此氏，故稱虞遂。左哀元稱舜後有虞之君爲「慮思」，與此同例。

1839、虞閼父（襄二十五）

案：左襄二十五「昔虞閼父爲周陶正，以服事我先王……庸以元女大姬配胡公，而封諸陳」，杜注：「閼父，舜之後，當周之興，閼父爲武王陶正。」又云：「胡公，閼父之子滿也。」謂虞閼父爲陳始祖胡公之父，稱虞閼父者，虞爲舜之朝代名，即其氏，故後人氏虞，稱閼父曰虞閼父，與左昭三稱舜後遂爲虞遂者同。

1840、蛾析（僖十五）——晉

案：左僖十五「蛾析謂慶鄭曰」，杜注：「蛾析，晉大夫。」

1841、裔款（昭二十）、款（昭二十）——齊

案：左昭二十「梁丘據與裔款言於公曰」、杜注：「二子，齊嬖大夫。」同傳齊景公稱其曰款，則款蓋其名，而裔或其氏也。

1842、解狐（襄三）——晉

案：左襄三祁奚請老，晉侯問嗣焉，「稱解狐」，通志氏族略第三謂解狐之先食邑於解，因以爲氏。

1843、解張（成二）、張侯（成二）——晉

案：左成二載「晉解張御郤克……張侯曰……」，杜注：「張侯，解張也。」解詁：「晉解侯，字張。」謂解侯名侯字張，並謂：「傳稱張侯者，文十一傳正義曰『古人連言名字者，皆先字後名』」，左通補釋十三云：「晉有解揚、解狐，疑解張亦其族，固以邑爲氏者。」謂解張以解爲氏，然則傳稱解張者，氏下配以字也。通志氏族略第三謂「晉有解張，字張侯」，春秋時人名字釋亦謂「解張，字張矣」，左通補釋駁云：「古人之字，從未有如今人命字重名者也。」此說是。張侯當字張名侯，新唐書宰相世系表云：「周宣王時有卿士張仲，其後裔事晉爲大夫，張侯生老，老生趯，趯生骼。」張老、張趯、張骼皆見左傳，宰相世系表謂自張老而下爲張侯之子孫，其說或是，而以張侯爲張仲之後，氏張，則非也；以左傳又稱解張，左傳人物名號，未有以氏殿於下者。又胡元玉謂「解張之稱張侯……猶巫臣之稱屈巫，重耳之稱晉重，展

興之稱莒展，樂祁犁之稱樂祁，皆實係二名，但有省稱耳，不得誤指爲名字連言也。」見駁春秋名字解詁。然解張出現於左成二，即未再見，而左傳張氏人物自張老見於左成八，而後始見，則張老以解張之字爲氏，實有可能，當以解詁之說爲是。

1844、解揚（文八）──晉

　　案：左文八「晉侯使解揚歸匡戚之田于衛」，通志氏族略第三云：「解氏……晉大夫解揚……之後，其先食采於解。」謂解揚之解爲其氏。說苑奉使篇云：「霍人解揚字子虎……故後世言霍虎。」解詁亦云：「晉解揚，字子虎。」以揚爲其名，子虎爲其字。

1845、該（昭二十九）

　　案：左昭二十九「少皞氏有四叔，曰重、曰該、曰脩、曰熙」，則該爲少皞氏四叔之一，孔疏云：「四叔是少皞氏子孫，非一時也。」以該爲少皞氏之子孫，楊注則云：「定四年傳『五叔無官』，杜注謂管叔、蔡叔等，皆稱叔，亦皆武王之弟。又云『三者皆叔也』，三者指周公、康叔、唐叔。此四叔疑少皞氏之弟輩。」疑該爲少皞氏之弟。

1846、詹父（桓十）──周

　　案：左桓十「虢仲譖其大夫詹父於王，詹父有辭，以王師伐虢」，杜注：「虢仲，王卿士；詹父，屬大夫。」孔疏：「周禮每卿之下皆有大夫，傳言譖其大夫，知是屬己之大夫，非虢大夫者，若虢國大夫，虢仲自得加罪，無爲譖之於王，且其若是虢人，不得以王師伐虢故也。」以詹父爲周人。

1847、詹桓伯（昭九）──周

　　案：左昭九「五使詹桓伯辭於晉」，杜注：「桓伯，周大夫。」路史國名記戊云：「詹，詹桓伯采，大夫詹父後。」謂詹桓伯爲左桓十詹父之後，氏詹。桓蓋其謚也。

1848、詹嘉（文十三）、瑕嘉（成元）──晉

　　案：左文十三「晉侯使詹嘉處瑕」，杜注：「詹嘉，晉大夫，賜其瑕邑。」左成元稱其爲瑕嘉，云：「晉侯使瑕嘉平戎于王。」杜注：「詹嘉處瑕，故謂之瑕嘉。」以詹嘉得瑕邑，改稱瑕嘉，嘉蓋其名，詹或其氏也。其得瑕邑後稱瑕嘉，猶士會食邑范、隨，即易稱曰范會、隨會，瑕當爲其新氏。

1849、賈伯（桓九）──賈

案：左桓九「虢仲、芮伯、梁伯、荀侯、賈伯伐曲沃」杜注：「荀、賈皆國名。」通志氏族略第二云：「賈，氏；伯，爵。康王封唐叔虞少子公明於此……為晉所滅……遂以為邑，故晉之公族狐偃之子射姑食邑於賈，謂之賈季，其後則以為氏。」則賈原為國名，賈伯者，賈國之君也。

1850、賈君（僖十五）──晉

案：左僖十五「秦穆姬屬賈君焉」，杜注：「賈君，晉獻公次妃，賈女也。」左莊二十八「晉獻公娶於賈，無子，烝於齊姜，生秦穆夫人及大子申生」，杜注蓋據此而謂賈君為晉獻公妃，國語晉語三韋注同，然韋注又引唐固之說，以賈君為大子申生妃，惠棟春秋左傳補註、洪亮吉春秋左傳詁、會箋、楊注皆以唐固之說是。春秋婦女繫姓為稱，此稱賈君，實屬特例，會箋云：「蓋國人稱申生為共君，遂稱其妻為賈君耳。」未知其說然否。

1851、賈辛（昭二十二）、辛（昭二十八）──晉

案：左昭二十八載魏舒舉賈辛為祁大夫，又云「賈辛將適其縣，見於魏子，魏子曰：『辛，來……』」，魏舒呼賈辛為辛，則辛或其名也，而賈蓋其氏。晉有賈氏，如左僖六之賈華，左文六之賈季是也。又左成十八晉有「右行辛」，國語晉語七韋注以為即「賈辛」，然右行辛距此賈辛凡五十餘年，或非同一人。

1852、賈寅（襄三十一）──齊

案：左襄三十一齊「工僂灑……賈寅出奔莒」，左襄二十五齊有賈舉，或皆氏賈歟？

1853、賈獲（襄二十五）──陳

案：左襄二十五「遇賈獲載其母妻」，杜注：「賈獲，陳大夫。」

1854、賈舉（襄二十五）──齊

案：左襄二十五齊「賈舉、州綽……皆死」，此齊莊公勇力之臣，參 0955 侍人賈舉條。

1855、辟司徒（成二）──齊

案：左成二「辟司徒之妻也」，杜注：「辟司徒，主壘壁者。」楊注：「杜注以為辟乃壁之偕字，因謂其為主壘壁者。」會箋：「如漢大將軍有軍司空，主壁壘事，淮南兵略訓：處軍輯、井竈通，此司空之官也。蓋齊無司空官。」春秋大事表十以辟司徒為齊官名。傳稱辟司徒，以官名稱其人也。

1856、過（昭十二）──周

　　案：左昭十二「殺獻太子之傅庾皮之子過」，據傳，過爲庾皮之子，庾皮爲獻太子之傅，會箋、楊注皆疑獻太子或即昭十五年之周景王子大子壽。則過爲周人。

1857、道朔（桓九）──楚

　　案：左桓九「楚子使道朔將巴客以聘於鄧」，杜注：「道朔，楚大夫。」會箋云：「蓋道，氏；朔，名，國名有道，江、黃、道、柏出僖五年，人名朔，晉有趙朔、鞏朔、知朔。」謂道朔以道爲氏，朔爲其名。

1858、鄔臧（昭二十八）、臧（昭二十八）──晉

　　案：左昭二十八「晉祁勝與鄔臧通室」，杜注：「二子，祁盈家臣也。」孔疏引同傳晉使「司馬彌牟爲鄔大夫」，謂晉有鄔邑，云：「鄔臧宜以邑爲氏。」謂鄔臧氏鄔。同傳載祁盈之臣曰：「鈞將皆死，憖使吾君聞勝與臧之死也以爲快。」呼鄔臧爲臧，臧蓋其名也。

1859、鄖公鍾儀（成七）、鍾儀（成七）──楚

　　案：左成七「囚鄖公鍾儀」，此楚大夫，左成九載晉侯問其族，對曰「泠人也」，據此，鍾亦其氏也，見2259鍾連條。儀則其名或字。

1860、鉏麑（宣二）、麑（宣二）──晉

　　案：左宣二「宣子驟諫，公患之，使鉏麑賊之……麑退」，杜注：「鉏麑、晉力士。」傳稱鉏麑、又稱麑，鉏蓋其氏也。廣韻鉏字注云：「姓，左傳有鉏麑。」亦以鉏爲其氏；麑蓋其名也。說苑立節篇作「鉏之彌」，氏名之間有之字，左傳人物名號中，此例甚多，詳頁五三。

1861、隗氏（僖二十四）──周

　　案：左僖二十四「又通於隗氏」，杜注：「隗氏，王所立狄后。」隗爲其母家姓。

1862、雍子（襄二十六）──楚→晉

　　案：左襄二十六「雍子之父兄譖雍子」，據傳，雍子原爲楚人，後仕子晉。

1863、雍巫（僖十七）、易牙（僖十七）──齊

　　案：左僖十七「雍巫有寵於衛共姬，因寺人貂，以薦羞於公……齊桓公卒，易牙入……」，杜注：「雍巫，雍人名巫，即易牙。」孔疏：「周禮掌食之官有內雍、外雍，此人爲雍官，名巫，而字易牙也。」謂雍爲其官名，巫爲

其名,易牙爲其字。其以雍巫即易牙,是也,又以雍爲官名,亦是也。左傳人物名號,有以官名配名字爲稱者,詳頁五六,然以巫爲名,易牙爲字,則有異說焉,如王萱齡謂「易牙字巫」,以易牙爲名,巫爲字,與孔疏相反,見周秦名字解故補。楊樹達則云:「諸書稱易牙皆曰狄牙……然則易牙殆狄人乎……狄、易古音同,故狄牙或作易牙,狄示其族,牙爲其名。」以易牙之易爲狄之譌,狄爲其族名,牙爲其名,見易牙非齊人考。三說未知孰是。

1864、雍糾（桓十五）——鄭

案:左桓十五「祭仲專,鄭伯患之,使其壻雍糾殺之」,雍糾爲祭仲之壻,氏雍,故傳下文稱其妻曰「雍姬」,而傳亦有「雍氏」之文也,糾則其名或字。

1865、雍姞（桓十一）——鄭

案:左桓十一「宋雍氏女於鄭莊公,曰雍姞,生厲公」,則雍姞爲鄭莊公妃,宋雍氏之女,雍,其母家氏,姞則其母家姓也,故楊注云:「姞是雍氏之姓。」

1866、雍姬（桓十五）——鄭

案:左桓十五「祭仲專,鄭伯患之,使其壻雍糾殺之……雍姬知之……」,雍姬爲鄭祭仲之女,雍糾之妻,稱雍姬者,雍爲其夫家氏,姬則其母家姓也。

1867、雍鉏（襄二十六）——衛

案:左襄二十六「雍鉏獲殖綽」、杜注:「雍鉏,孫氏臣。」謂雍鉏爲衛孫林父之家臣,則雍鉏爲衛人。

1868、雍廩（莊八）——齊

案:左莊八「公孫無知虐于雍廩」,左莊九「雍廩殺無知」,杜注:「雍廩,齊大夫。」左昭十一「鄭京、櫟實殺曼伯,宋蕭、亳實殺子游,齊渠丘實殺無知」,渠丘爲地名,稱「渠丘殺無知」,而此傳謂「雍廩殺無知」,故知雍廩爲人名號。史記齊太公世家「齊君無知游於雍林……雍林人襲殺無知」,雍廩作雍林,並以雍林爲地名,與左傳不同。春秋左氏傳舊注疏證云:「秦本紀:秦昭公十三年,齊雍廩殺無知、管至父等,而立齊桓公,則又雍廩爲人名。」

1869、靖侯（桓二）——晉

案:左桓二「靖侯之孫欒賓傅之」,杜注:「靖侯,桓叔之高祖父。」史

記晉世家謂「厲侯之子宜臼，是爲靖侯。」則靖侯爲晉君。

1870、頓子（僖二十五經）——頓

案：左僖二十五經「納頓子于頓」，頓子即頓國之君也。

1871、頓子牂（定十四經）、頓子（昭四經）——頓

案：左定十四經「楚公子結、陳公孫佗人帥師滅頓，以頓子牂歸」，頓爲國名，經多書名，頓子牂者，蓋頓國之君名牂之。牂，公羊作牄，春秋異文箋云：「牂、牄音相近，故公羊作牄。」

1872、鼓子鳶鞮（昭二十二）、鼓子䳒鞮（昭十五）、鼓子（昭二十二）
　　——鼓

案：左昭十五「圍鼓……以鼓子䳒鞮歸」，鼓爲國名，杜注：「鼓，白狄之別。」又云：「䳒鞮，鼓君名。」釋文云：「䳒本又作鳶，悅全反。」左昭二十二即作䳒，云「晉之取鼓也，既獻，而反鼓子焉，又叛於鮮虞……遂襲鼓滅之，以鼓子鳶鞮歸」，釋文云：「鳶，悅全反。」謂鳶、䳒者同，左昭十五楊注亦云：「䳒同鳶。」則鼓子䳒鞮即鼓子鳶鞮，爲鼓國之君，䳒鞮爲其名。

十四畫

1873、僕析父（昭十二）、析父（昭十二）——楚

案：左昭十二「楚子次于乾谿……僕析父從……析父謂子革……」，杜注謂僕析父爲「楚大夫」。國語楚語上載楚靈王「使僕夫子晳問於范無宇」一文，其時，事與左傳此文近，韋注云：「子晳，楚大夫僕析父也。」謂國語僕夫子晳，即左傳之僕析父，馬宗璉春秋左傳補注因謂：「析父爲大僕，故時在王左右，楚語作僕夫，虞箴曰『獸臣司原，敢告僕夫』，即大僕也，爲親近之臣，故告之，使達於王也。」釋僕析父之僕爲大僕，其說蓋是。如左閔二「狄人囚史華龍滑與禮孔……二人曰『我大史也』」大史而以史冠名號上，曰史華龍滑，與此大僕而以僕冠名號上曰僕析父者同。又析父，國語楚語上作子晳，會箋云：「析父或又稱子晳，析从省。」謂晳省作析，晳，古有省作析者，詳0098子叔黑背條。析父又稱子晳者，猶閔馬父又稱閔子馬，參1770閔子馬條，馬、析爲其名或字。左傳人物名號有以名，字配父字，或冠子字者，詳上篇第二章，配父字則稱馬父，析父、冠子字則稱子馬、子析。

1874、僕展（襄三十）——鄭

案：左襄三十「僕展從伯有」，杜注：「僕展，鄭大夫，伯有黨。」

1875、僖侯（桓六）──晉

案：左桓六「晉以僖侯廢司徒」，杜注：「僖侯名司徒。」僖，史記晉世家作釐，云：「靖侯卒，子釐侯司徒立。」謂僖侯爲靖侯之子，亦謂司徒爲其名。

1876、僖負羈（僖二十三）──曹

案：左僖二十三「僖負羈之妻曰」，據傳，僖負羈爲曹大夫。左宣十二楚有熊負羈，或二人皆名負羈也。

1877、僚（昭二十七經）、州于（昭二十）──吳

案：左昭二十伍員「言伐楚之利於州于」，杜注：「州于，吳子僚。」吳越春秋卷一：「吳人立餘昧子州于，號爲吳王僚也。」以僚爲號，然左昭二十七經云「吳弒其加僚」，經多書名，則僚爲其名，州于乃是其號，參頁四三。

1878、僚安（昭二十八）──晉

案：左昭二十八「僚安爲楊氏大夫」，據傳，僚安爲晉大夫。

1879、僚柤（昭二十五）──魯

案：左昭二十五「公果、公賁使侍人僚柤告公」，據傳，僚柤蓋魯昭公之侍人。

1880、嘉父（隱六）──晉

案：左隱六「翼九宗五正頃父之子嘉父逆晉侯于隨」，杜注：「頃父之子嘉父，晉大夫。」

1881、嘉父（襄二十一）──晉

案：左襄二十一「宣子殺箕遺、黃淵、嘉父……」杜注謂嘉父爲「晉大夫」，左隱六晉有嘉父，與此嘉父爲二人。

1882、壽子（桓十六）、壽（桓十六）──衛

案：左桓十六「衛宣公……生壽及朔……宣姜與公子朔構急子……壽子告之……壽子載其旌以先……」壽及朔爲衛宣之子，朔爲名，見2188衛侯朔條，壽亦當爲名，故詩邶風二子乘舟序、史記衛康叔世家、新序節士皆稱壽，漢書古今人表作公子壽，然此傳又稱壽爲壽子，此名下殿以子字之稱謂形式，左傳有數例，至戰國而通行，詳頁二三。

1883、壽於姚（哀十三）──吳

案：左哀十三「吳大子友，王子地、王孫彌庸、壽於姚自泓上觀之」，據傳，壽於姚爲吳人。通志氏族略第四謂壽於姚氏壽。

1884、壽越（襄五）——吳

　　案：左襄五「吳子使壽越如晉」，杜注：「壽越，吳大夫。」通志氏族略第四云：「壽氏，姬姓，風俗通吳王壽夢之後，吳大夫壽越，又有壽於姚。」左通補釋十五駁云：「案吳子乘號壽夢，卒于襄十二年，此云壽夢之後，乃先吳壽夢也。」謂壽越見於左襄五年，是時吳王壽夢未卒，則壽越不得爲壽夢之後，以壽夢之壽爲氏也。

1885、壽夢（昭二十四）——越

　　案：左昭二十四「倉及壽夢帥師從王」，杜注：「壽夢，越大夫。」

1886、實沈（昭元）

　　案：左昭元「昔高辛氏有二子，伯曰閼伯，季曰實沈」，則實沈爲高辛氏之子。

1887、甯俞（僖二十八）、甯武子（僖二十八）、甯子（僖二十八）——衛

　　案：左文四經「衛侯使甯俞來聘」，傳云：「衛甯武子來聘。」經稱甯俞，傳稱甯武子，則甯，其氏也。杜氏世族譜列甯俞於衛甯氏之甯速下，亦以甯爲其氏。經多書名，則俞蓋其名也。傳稱甯武子，武蓋其諡也。

1888、甯相（成二）——衛

　　案：左成二「衛侯使孫良夫……甯相……侵齊」，杜注：「甯相，甯俞子。」則甯，其氏也。

1889、甯速（僖二十六經）、甯莊子（閔二）——衛

　　案：左僖二十六經「公會莒子、衛甯速盟于向」，杜注：「甯速，衛大夫莊子也。」傳亦稱甯速爲「甯莊子」，莊蓋其諡也。杜氏世族譜列甯速於衛甯氏下，並謂「甯跪孫」，則甯，其氏也。經多書名，則速蓋其名也。速，公羊作逮，春秋異文箋云：「速、逮字同。」並引左傳戲陽速，史記作逮，漢書人名作逮者如呼逮累等，顏師古皆曰：「逮，古速字。」又引說文辵部「速，疾也，從辵、束聲，逨，籀文，從敕」爲證，其說是也。

1890、甯喜（襄二十五）、悼子（襄二十）、甯子（襄二十五）——衛

　　案：左襄二十七經「衛殺其大夫甯喜」，傳云：「免餘復攻甯氏，殺甯喜。」傳稱甯氏，則甯，其氏也，經多書名，喜蓋其名也。杜注經云：「經以國討爲文，書名也。」亦以喜爲其名。左襄二十六稱其曰悼子，悼蓋其諡也。

1891、甯殖（襄元經）、甯惠子（成十四）、甯子（成十四）、惠子（襄二十）
　　　──衛

　　案：左襄元經「仲孫蔑會……衛甯殖……圍宋彭城」，杜氏世族譜列甯殖於衛甯氏下，以甯為其氏。經多書名，殖蓋其名也。左成十四稱其曰「甯惠子」，惠蓋其謚也。

1892、甯跪（莊六）──衛

　　案：左莊六「放甯跪于秦」，杜注：「甯跪，衛大夫。」杜氏世族譜云：「甯跪，文仲，武公曾孫。」謂甯跪為衛武公曾孫，通志氏族略第三云：「甯氏，姬姓，衛武公生季亹，食采於甯，因以為氏。」據其說，甯跪當是季亹之後，以邑為氏。

1893、甯跪（哀四）──衛

　　案：左哀四「齊陳乞、弦施、衛甯跪救范氏」，據此則甯跪為衛大夫，左莊六衛亦有甯跪，與此非一人。左通補釋三十一引孔廣栻曰：「說苑復恩篇衛有甯文子，與智伯同時，疑即此甯跪。」

1894、甯嬴（文五）、嬴（文五）──晉

　　案：左文五「晉陽處父聘于衛，反，過甯，甯嬴從之……嬴曰……」，杜注云：「甯，晉邑，汲郡脩武縣也。」楊注亦云：「甯，晉邑，定元年傳敘魏獻子還，卒於甯，可証。」則甯為晉邑無疑。杜注又謂甯嬴為「逆旅大夫」，孔疏謂杜注此說據國語。國語晉語五云：「陽處父如衛，反，過甯，舍於逆旅甯嬴氏……」，國語稱「逆旅甯嬴氏」，杜注據此因謂嬴為逆旅大夫。孔疏謂甯嬴「名氏見傳」，蓋以甯為其氏，嬴為其名，是也。而國語韋注則云：「嬴，其姓。」然春秋時女子繫姓，男子不稱姓，故其說非也，又韋注或讀甯嬴氏為「甯地之嬴氏」，此亦非，甯嬴氏者，氏，家也，與左僖二十八「爇僖負羈氏」同例。左隱元謂「穎考叔為穎谷封人」，左桓十一稱祭仲為「祭封人仲足」，皆以其所守之地名為氏，據傳甯嬴居甯，則甯嬴當為甯邑大夫，因以甯為氏，不然則其先人居甯，故以甯為氏也。

1895、幕（昭八）

　　案：左昭八「自幕至于瞽瞍無違命」，杜注：「幕，舜之先，瞽瞍，舜父。」則幕為舜之先人。

1896、幕（昭元）──楚

　　案：左昭元「遂殺其二子幕及平夏」，杜注：「皆郟敖子。」則幕爲楚之
王子也。

1897、廖（襄三十）──周

　　案：左襄三十「括、瑕、廖奔晉」，據傳，廖爲周人。

1898、榮如（文十一）──鄋瞞

　　案：左文十一「齊王子成父獲其弟榮如」，據傳，榮如爲鄋瞞國君僑如之
弟。

1899、榮叔（莊元經）──周

　　案：左莊元經「王使榮叔來錫桓公命」，杜注：「榮叔，周大夫，榮，氏，
叔，字。」會箋云：「成王時有榮伯，厲王時有榮夷公，榮叔蓋其後也，叔猶
虞仲、虢叔之叔，杜以爲字者，欲濟其所創大夫稱字之說耳。」榮叔之榮爲
其氏，叔蓋其行次。

1900、榮黃（僖二十八）、榮季（僖二十八）──楚

　　案：左僖二十八「大心與子西使榮黃諫，弗聽，榮季曰……」，杜注：「榮
黃，榮季也。」楊注云：「黃是其名，季則字。」謂黃爲其名，季爲其字，季
當是其行次。稱榮黃、又稱榮季，榮爲其氏也。

1901、榮駕鵝（定元）榮成伯（襄二十八）──魯

　　案：左定元「榮駕鵝曰……」，杜注：「駕鵝，魯大夫榮成伯也。」左襄
二十八即作「榮成伯」，則榮，其氏也，杜氏世族譜亦以榮駕鵝爲「榮氏」，
並云：「叔肸曾孫。」叔肸爲魯文公子。傳稱榮成伯，成當是其諡。駕鵝蓋其
名。

1902、榮錡氏（昭二十二）──周

　　案：左昭二十二周景王「崩于榮錡氏」，會箋云：「榮錡蓋周大夫姓名，
氏者，謂其家也。」以榮爲其氏，錡爲其名。

1903、熊宜僚（哀十六）──楚

　　案：左哀十六「市南有熊宜僚者」，淮南子主術篇「市南宜僚」，注云：
「宜僚，姓也，名熊。」此蓋誤倒，莊子山木篇「市南宜僚」，釋文：「李云：
姓熊，名宜僚。」會箋亦云：「熊，姓；宜僚，名。」則熊蓋其氏，宜僚爲
其名。

1904、熊相宜僚（宣十二）——楚

案：左宣十二「蕭人囚熊相宜僚及公子丙」，通志氏族略第五：「熊相氏，芊姓，英賢傳：楚熊相宜僚之後，懷王時將軍熊相祁。」左昭二十五楚有熊相祺，亦稱熊相，蓋其後也。

1905、熊相祺（昭二十五）——楚

案：左昭二十五「楚子使……熊相祺郭巢」，熊相蓋其氏，參 1904 熊相宜僚條。

1906、熊負羈（宣十二）——楚

案：左宣十二「楚熊負羈囚知罃」，杜注：「負羈，楚大夫。」杜氏稱負羈，蓋以熊為其氏也，左哀十六楚有熊宜僚，蓋亦氏熊。又左僖二十三曹有僖負羈，或與此同名。

1907、熊率且比（桓六）——楚

案：左桓六「熊率且比曰」，杜注：「熊率且比，楚大夫。」廣韻熊字注引熊率且比，以熊率為「複姓」。則且比蓋其名也。

1908、熊髡（襄四）

案：左襄四后羿「棄武羅、伯因、熊髡、尨圉」，杜注：「四子皆羿之賢臣。」

1909、熊摯（僖二十六）——楚→夔

案：左僖二十六「我先王熊摯有疾……而自竄于夔」，杜注：「熊摯，楚嫡子，有疾，不得嗣位，故別封為夔子。」國語鄭語韋注云：「楚熊繹六世孫曰熊摯，有惡疾，楚人廢之，立其弟熊延。」則熊摯原為楚人。

1910、熊繹（昭十二）——楚

案：左昭十二「昔我先王熊繹與呂級、王孫牟、燮父、禽父並事康王」，史記楚世家「熊繹當周成王之時，舉文、武勤勞之後嗣，而封熊繹於楚蠻」，則熊繹為楚始封之君。楚君多於名上冠熊字，詳 1801 楚子居條。

1911、監馬尹大心（昭三十）——楚

案：左昭三十楚子「使監馬尹大心……」，春秋大事表十以監馬尹為楚官名，大心，蓋其名也。

1912、瞀胡（昭元）——莒

案：左昭元「於是莒務婁、瞀胡……奔齊」，據傳，瞀胡為莒人。

1913、箕子（僖十五）

　　案：左僖十五「箕子曰」，杜注：「箕子，殷王帝乙之子，紂之庶兄。」
尚書微子篇孔疏云：「微，國，在圻內，先儒相傳爲然，鄭玄以爲微與箕俱在
圻內。」謂鄭玄以箕子之箕爲圻內國名。會箋云：「箕是殷畿內采地名，殷家
畿外三等之爵，公侯伯也，畿內唯稱子。」以子爲其爵名。

1914、箕伯（昭三）

　　案：左昭三「箕伯、直柄、虞遂、伯戲，其相胡公、大姬已在齊矣」，杜
注：「四人皆舜後，陳氏之先。」又云：「胡公，四人之後，周始封陳之祖。」
則箕伯爲舜後，陳國之先祖，亦齊陳氏之先祖。

1915、箕鄭父（文八）、箕鄭（文七）——晉

　　案：左文七「箕鄭居守」，稱箕鄭。左文九經則書「晉人殺其大夫士縠
及箕鄭父」，稱箕鄭父，傳同，一無父字，一配父字者，父爲男子美稱之詞，
古人用以配名爲稱，詳 0730 丕鄭父條。又經多書名，鄭蓋其名，箕或其氏也。
晉有箕氏人物，左襄二十一「宣子殺箕遺」，左通補釋十七引孔氏世族譜補
云：「箕氏，箕遺，案遺蓋爲箕鄭之後，先食采於箕，遂以邑爲氏。」晉有
箕邑，左僖三十三「狄伐晉，及箕……晉侯敗狄于箕」，此事在箕鄭出現左
傳前，蓋箕鄭或其先人食邑於箕，因以箕爲氏。

1916、箕遺（襄二十一）——晉

　　案：左襄二十一「宣子殺箕遺」，杜注：「晉大夫。」箕遺蓋氏箕，參 1915
箕鄭父條。

1917、箕遺（昭二十二）——晉

　　案：左昭二十二「晉箕遺、樂徵、右行詭濟師」，杜注：「三子，晉大夫。」
左襄二十一晉另有箕遺，已於是年被殺，與此箕遺爲二人也。

1918、箕襄（昭五）——晉

　　案：左昭五「箕襄、邢帶、叔禽、叔椒、子羽皆大家也」，杜注箕襄、邢
帶云：「二人韓氏族。」謂箕襄爲晉韓起之族，晉有箕邑，疑箕襄或其先人食
采於此，因以爲氏。

1919、管于奚（成十一）——齊

　　案：左成十一「嫁于齊管于奚」，管于奚爲齊人。左僖十二孔疏云：「成

十一年傳有齊管于奚，譜以爲雜人，則非管仲之子孫也。」然管當是其氏，于奚爲其名。

1920、管夷吾（莊八）、管（莊九）、管仲（莊九）、管敬仲（閔元）、舅氏（僖十二）──齊

案：左莊九鮑叔牙告齊桓公曰「管夷吾治于高傒」，國語齊語亦載鮑叔牙對齊桓公曰：「臣之所不若夷吾者五」，君前臣名，則夷吾爲其名；又晉惠公亦名夷吾，可證春秋時人有名夷吾者。左僖十二「管仲受下卿之禮而還，君子曰：『管氏之世祀也宜哉……』，謂管爲其氏。左莊九鮑叔牙告魯曰：「管、召讎也。」即單稱其氏。國語齊語韋注：「管夷吾……管嚴仲之子敬仲也。」謂管仲爲管嚴仲之子，亦可證管爲氏。左閔元謂之「管敬仲」，孔疏云：「敬，諡……仲，字；管，氏；夷吾，名。」孔疏謂敬爲其諡，是也，故國語晉語五即稱之爲管敬子，云：「齊桓公親舉管敬子，其賊也。」韋注亦云：「敬子，管仲之諡。」孔疏又謂仲爲其字，蓋仲爲其行次，傳多稱管夷吾爲管仲，蓋夷吾以行次行也，猶祭足之多稱祭仲。稱管敬仲者，以氏配諡配行次爲稱，猶晏嬰之稱晏平仲也。左僖十二周襄王稱其曰舅氏，杜注：「伯舅之使，故曰舅氏。」以其爲異姓諸侯之臣，故曰舅氏也。

1921、管至父（莊八）──齊

案：左莊八「齊侯使連稱、管至父戍葵丘」，杜注二子云：「皆齊大夫。」同傳齊有管夷吾，氏管，舌咥父蓋亦以管爲其氏。

1922、管叔（昭元）、管（襄二十一）──管

案：左昭元「周公殺管叔」，史記管蔡世家謂「管叔鮮、蔡叔度者，周文王子，而武王弟也……於是封叔鮮於管，封叔度於蔡」，則管，其封地名，因以爲國名，叔則爲其行次。武王弟六人稱叔，以伯仲叔季之稱唯四，周代兄弟多者，則居中皆稱叔，晉羊舌肸曰叔肸，其弟曰叔鮒、叔虎，與此同例。稱管叔者，以國名配行次，猶曹叔、康叔之稱。

1923、管周父（哀十一）──魯

案：左哀十一「冉求帥左師，管周父御，樊遲爲右」，據傳，管周父爲魯人。齊有管氏，不知管周父與齊管氏有關否？

1924、管脩（哀十六）──齊→楚

案：左哀十六「聞其殺齊管脩也而後入」，傳稱齊管脩，則管脩原爲齊人，

今居楚，杜注：「管脩，楚賢大夫，故齊管仲之後。」惠棟春秋左傳補註引風俗通曰：「管脩自齊適楚，爲陰大夫。」後漢書陰識傳云：「陰識，其先出自管仲，管仲七世孫脩，自齊適楚，爲陰大夫，因而氏焉。」三國志魏志管寧傳注引傅子曰：「昔田氏有齊，而管氏去之，或適魯，或適楚。」左哀十四齊陳恆弒君，或管脩以此時奔楚歟？然則管脩爲管仲之後，氏管。

1925、綦毋張（成二）——晉

案：左成二晉「綦毋張喪車」，杜注：「綦毋張，晉大夫。」廣韻毋字注引「晉大夫綦毋張」，以綦毋爲「複姓」，通志氏族略第五同，楊注亦云：「綦毋，音其無，姓。」又云：「張，名。」

1926、翟僂新（昭二十一）——宋

案：左昭二十一宋「翟僂新居于新里」，會箋云：「以工婁氏例之，翟婁蓋複姓也，新其名。」

1927、臧石（哀二十四）——魯

案：左哀二十四「臧石帥師會之」，杜注：「石，臧賓如之子。」則臧，其氏也。

1928、臧昭伯（昭二十五）、臧孫（昭二十五）——魯

案：左昭二十五「臧昭伯之從弟會」，杜注：「昭伯，臧爲子。」則臧爲其氏，昭蓋其謚也。傳又稱其爲「臧孫」，臧氏之宗子稱臧孫，詳頁十一。

1929、臧孫辰（莊二十八經）、臧文仲（莊十一）、臧孫（僖二十六）——魯

案：左莊二十八經「臧孫辰告糴于齊」，杜注：「臧孫辰，魯大夫臧文仲。」孔疏引世本云：「孝公生僖伯彄，彄生哀伯達，達生伯氏瓶，瓶生文仲辰。」則臧孫辰是臧僖伯曾孫，臧哀伯孫，臧，其氏也。經多稱名，辰蓋其名。其稱臧孫者，臧氏之宗子曰臧孫，詳頁十一。左莊十一謂之臧文仲，文蓋其謚，仲蓋其行次。

1930、臧孫紇（襄十一）、臧武仲（成十八）、臧紇（襄四）、臧（襄四）、臧孫（襄十四）、武仲（襄二十一）、紇（襄二十三）——魯

案：左襄二十三經「臧孫紇出奔邾」，杜注：「書名者……」，以紇爲其名。傳亦載其告臧賈曰：「紇不佞……」自稱紇，亦可證紇爲其名。同傳稱其爲臧宣叔之子，則臧，其氏也，故同傳又稱其爲「臧紇」，以氏配名也。同傳稱其

爲臧孫、臧孫紇者，臧氏之宗子曰臧孫，詳頁十一。同傳稱其爲臧武仲，武蓋其諡也。

1931、臧孫許（成元經）、臧宣叔（宣十八）、許（宣十八）、臧孫（成二）、宣叔（哀二十四）──魯

案：左宣十八「臧宣叔怒曰『……許請去之』」杜注：「宣叔，文仲子，武仲父，許，其名也。」謂臧宣叔爲臧文仲之子，臧武仲之父，許爲其名，是也。由傳臧宣叔自稱許，可證其名許，宣蓋其諡也，臧則其氏。左成元經謂之爲「臧孫許」，云：「臧孫許及晉侯盟于赤棘」，臧氏之宗子稱臧孫，詳頁十一。

1932、臧孫達（桓二）、臧哀伯（桓二）──魯

案：左桓二「臧哀伯諫曰……周內史聞之曰：『臧孫達其有後於魯乎……』」則臧孫達即臧哀伯。會箋云：「達，哀伯名。」楊注亦云：「名達。」皆以達爲其名。傳稱臧哀伯，哀蓋其諡也。杜注云：「臧哀伯，魯大夫僖伯之子。」僖伯即公子彄，爲魯孝公之子，傳又稱之爲臧僖伯，似公子彄已以臧爲氏，詳頁二〇，又臧孫達爲公孫，上引傳載周內史呼其爲「臧孫達」，明以臧爲氏，由此可知，公孫亦可有氏。

1933、臧堅（襄十七）、堅（襄十七）──魯

案：左襄十七「齊人獲臧堅」，杜注：「臧堅，紇之族也。」謂臧堅爲臧紇之族，則臧，其氏也。

1934、臧爲（襄二十三）、爲（襄二十三）──魯

案：左襄二十三「臧宣叔娶于鑄，生賈及爲而死……臧賈、臧爲出在鑄」，則臧賈、臧爲爲臧宣叔之子，臧，其氏也，爲或其名也。

1935、臧會（昭二十五）、會（昭二十五）──魯

案：左昭二十五「臧昭伯如晉，臧會竊其寶龜僂句……及昭伯從公，平子立臧會」，謂臧會得立爲魯臧氏後，則臧，其氏也。傳又稱會，會蓋其名也。

1936、臧賈（襄十七）、賈（襄二十三）──魯

案：左襄十七「臧賈帥甲三百」，杜注：「臧賈，臧紇之昆弟也。」則臧，其氏也。左襄二十三臧賈曰「賈聞命矣」，自稱賈，則賈爲其名。

1937、臧賓如（哀八）──魯

案：左哀八「臧賓如如齊涖盟」，杜注：「賓如，臧會子。」則臧，其氏

也，賓如蓋其名。

1938、臧疇（襄十七）——魯

　　案：左襄十七「臧疇……帥甲三百」，杜注：「臧疇……臧紇之昆弟也。」則臧，其氏也。

1939、臺駘（昭元）

　　案：左昭元「昔金天氏有裔子曰昧……生允格，臺駘」，則臺駘爲昧之子，金天氏之後。

1940、蒯得（文八）——晉

　　案：左文八「先克奪蒯得田于菫陰」，通志氏族略第三「以邑爲氏」下云：「蒯氏，風俗通：晉大夫蒯得之後。」蓋謂蒯得以邑爲氏，蒯爲其氏。

1941、蒲餘侯茲夫（昭十四）、蒲侯氏（昭十四）、蒲餘侯（昭十四）——
　　　莒

　　案：左昭十四「蒲餘侯惡公子意恢……蒲餘侯茲夫殺莒公子意恢」，杜注：「蒲餘侯，莒大夫茲夫也。」左襄二十三謂齊大夫杞殖、華還「宿於莒郊，明日，先遇莒子於蒲侯氏」，杜注：「蒲侯氏，近莒之邑。」左通補釋十八引周氏附論云：「莒之君號亦然。」周氏疑莒大夫茲夫如莒君之以地爲號，據其說，則蒲餘當爲莒地名，故茲夫食邑於此，以地爲號，稱蒲餘侯。莒子朱以莒地渠丘配「公」字稱渠丘公，其卿大夫以地名蒲餘配「侯」爲稱，或亦宜也。傳稱蒲侯氏，氏者，家也，以指其地。茲夫蓋其名也。

1942、蒼舒（文十八）

　　案：左文十八謂高陽氏有才子八人，蒼舒爲其一。

1943、蒼葛（僖二十五）——周

　　案：左僖二十五「陽樊不服，圍之，蒼葛呼曰……」校勘記云：「石經、宋本、淳熙本、岳本蒼作倉，注同。」會箋本亦作「倉葛」，則蒼或當作倉，杜注云：「蒼葛，樊陽人。」同傳稱「陽樊」，則樊陽當作「陽樊」，故校勘記云：「宋本、淳熙本、岳本、足利本樊陽作陽樊，不誤。」會箋本亦作「陽樊」。通志氏族略第四云：「倉氏，黃帝史官倉頡之後，或言古有世掌倉庾者，各以爲氏，春秋時周有倉葛。」謂倉爲其氏。

1944、裨竈（襄二十八）、裨諶（襄二十九）、竈（昭十八）——鄭

　　案：左襄二十八「裨竈曰」，杜注：「裨竈，鄭大夫。」左襄二十九「裨

諶曰」，杜注亦云：「裨諶，鄭大夫。」並未以爲一人。說文：「煁，烓也。」「烓，行竈也。」謂煁爲行竈，段注云：「毛傳曰：煁，烓竈也……行竈非爲飲食之竈，若今火爐，僅可炤物，自古名之曰烓，亦名之曰煁，或叚諶爲之，春秋傳裨諶字竈。」段注謂諶爲煁之假借字，煁即行竈，鄭裨諶名煁字竈，名字相應。其後張澍、朱駿聲、俞樾之說同，見春秋時人名字釋、說文通訓定聲煁字下，及群經平議卷二十九，其說有理，故今歸裨諶、裨竈爲一人。左昭十八「裨竈曰：『不用吾言，鄭又將火。』鄭人請用之，子產不可……曰：『……竈焉知天道。』」子產稱裨竈爲竈，竈當是其名，若爲其字，則宜配行次或子字爲稱，說文通訓定聲竈字下朱氏謂「鄭裨竈字諶」，以竈爲其名，諶爲其字，與其於煁字下所云「鄭裨諶字竈」者不同。又裨蓋其氏也，惠棟春秋左傳補註云：「古今人表作卑湛……風俗通曰：卑氏，鄭大夫卑湛之後。漢有卑躬，爲北地大守，杜改卑爲裨……」則惠棟謂卑爲其氏，惟今本左傳作裨也。

1945、語（桓十四經）、子人（桓十四）——鄭

案：左桓十四經「鄭伯使其弟語來盟」，經多書名，語蓋其名也。傳云「鄭子人來尋盟」，杜注：「子人即弟語也，其後爲子人氏。」解詁云：「鄭公子語，字子人。」實則其字止一人字，以子配字稱子人，其後人則以子人爲氏，左僖七鄭有「子人氏」，左僖二十八亦載鄭「使子人九行成于晉」，孔疏謂子人九即語之後。

1946、說（昭七）、南宮敬叔（昭七）、敬叔（昭十一）——魯

案：左昭七孟僖子曰「我若獲沒，必屬說與何忌於夫子」，杜注：「說，南宮敬叔……僖子之子。」則說爲孟僖子之子，孟僖子稱其子曰說，則說，其名也。孟僖子氏孟，則說原亦氏孟，而傳又稱「南宮敬叔」，孔疏云：「說，南宮氏也；敬，謚也；叔，字也。」謂敬爲其謚，叔爲其行次，而南宮爲其氏，此說是也。孔疏又謂南宮敬叔「又字容也，字括也，名說、一名縚。」此說則非。史記仲尼弟子列傳有「南宮括，字子容」，史記志疑卷二十八謂史記南宮括「論語作适，又稱南容，檀弓作南宮縚，家語作南宮韜，蓋南容有二名，括與适，縚與韜，字之通也。自世本誤以南宮縚爲仲孫說，于是孔安國注論語，康成注禮記，陸德明釋文、小司馬索隱、朱子集注竝因其誤，朱氏彞尊經義考載明夏洪基孔門弟子傳略，辨南宮括、縚、字子容是一人，孟僖子之子仲孫說、閱、南宮敬叔是一人，確鑿可從……朱氏又據漢書人表

列南容于上下等，列南宮敬叔於中上，明其非一人……且敬叔乃公族，與家語及王肅論語注稱容爲魯人者大別矣。」然則南宮敬叔與仲尼弟子列傳之南宮括、論語之南容、檀弓上之南宮縚爲三人也。禮記檀弓上另有南宮敬叔，此乃孟僖子之子說也，鄭注云：「敬叔，魯孟僖子之子仲孫閱。」說作閱，蓋古字通。

1947、賓起（昭二十二）、賓孟（昭二十二）——周

　　案：左昭二十二「王子朝、賓起有寵於景王，王興賓孟說之，欲立之」，杜注：「賓起，子朝之傅。」又云：「孟即起也。」謂賓孟即賓起。會箋云：「起是其名，孟，其行。」左昭九周大夫有賓滑，則賓起之賓，蓋其氏也。稱賓起者，以氏配名，稱賓孟者，以氏配行次，猶傳稱祭足曰祭仲。

1948、賓須無（昭十三）——齊

　　案：左昭十三「齊桓……有鮑叔牙、賓須無、隰朋以爲輔佐」，則賓須無爲齊人。

1949、賓滑（昭九）——周

　　案：左昭九「王亦使賓滑執甘大夫襄以說於晉」，杜注：「賓滑，周大夫。」

1950、趙同（宣十二）、原同（僖二十四）、原（宣十二）、原叔（宣十五）
　　　　——晉

　　案：左僖二十四「文公妻趙衰，生原同、屏括、樓嬰」，則原同爲趙衰之子，左宣十二稱之爲趙同，趙，其氏也，同或其名。杜注「原同、屏括、樓嬰」云：「原、屏、樓，三子之邑。」謂原爲趙同之邑，故稱原同。左僖二十五載周天子以原賜晉文公，同傳晉文公使「趙衰爲原大夫……使處原」，趙同當繼承其父趙衰，以原爲食邑，故稱原同也；此猶左文十三晉「詹嘉處瑕」，左成元即稱其爲「瑕嘉」也。左宣十二知季曰「原、屏，咎之徒也」，原謂原同、屏指其弟屏括，蓋皆以其邑爲氏，時人因而稱之也。左宣十五載劉康公稱其曰「原叔」，叔蓋其行次，趙同當爲晉文公女趙姬之長子，見 1955 趙括條，其稱叔者，或以其異母兄趙盾稱孟，因而以叔爲行次也。

1951、趙夙（閔元）——晉

　　案：左閔元「趙夙御戎」，杜注云：「夙，趙衰兄。」史記趙世家謂周繆王「賜造父以趙城，由此爲趙氏……自造父以下，六世至奄父。奄父生叔帶，叔帶之時，周幽王無道，去周如晉，事晉文侯，始建趙氏于晉國……五世而

生趙夙。」則趙，其氏也。史記又謂趙夙生共孟，共孟生趙衰，以趙夙爲趙衰之祖父，索隱引世本則謂趙夙生趙衰，以趙夙爲趙衰之父。國語晉語四「趙衰……趙夙之弟也」，則以趙夙爲趙衰兄，杜注據國語，故云：「夙，趙衰兄。」梁玉繩以國語所載爲是，見史記志疑卷二十三。

1952、趙成（昭五）、趙景子（昭七）──晉

案：左昭五「趙成、中行吳……」，杜注：「成，趙武之子。」則趙，其氏也，成蓋其名也。左昭七「趙景子問焉」，杜注：「景子，晉中軍佐趙成。」景蓋其諡也。

1953、趙武（成十八）、武（成八）、趙文子（襄二十五）、文子（襄二十五）、
　　　趙孟（襄二十七）──晉

案：左成十八「使……趙武爲卿」，杜注：「武，趙朔子。」左成八亦稱趙武爲趙衰、趙盾之後，則趙，其氏也。左襄二十五「趙文子爲政……謂穆叔曰『……武也知楚令尹』」，杜注謂趙文子即趙武，則文蓋其諡也；其自稱武，則武，其名也。楊注引禮記檀弓下「晉獻文子成室」，疑趙武複諡獻文，檀弓鄭箋則以獻字爲動詞，云：「晉君獻之，謂賀也。」未知孰是。若趙武果複諡獻文，則單稱文亦無不可，如檀弓下謂「公叔文子卒，其子戍請諡於君」，君諡以貞、惠、文，而檀弓只稱「公叔文子」，即其例也。左襄二十七「宋向戌善於趙文子……如晉告趙孟」，稱趙武爲趙孟，左昭元后子告人曰「趙孟將死矣」，時人亦稱其爲趙孟，趙盾一系之嗣位者多稱趙孟，詳 1956 趙盾條。

1954、趙姬（僖二十四）、姬（僖二十四）、君姬氏（宣二）──晉

案：左僖二十四「文公妻趙衰……趙姬請逆盾與其母」，杜注：「趙姬，文公女。」則趙姬爲趙衰之妻，晉文公之女，稱趙姬者，以夫氏冠母家姓之稱。左宣二趙盾於晉成公前稱之爲「君姬氏」，沈欽韓春秋左氏傳補注云：「君姬氏猶言君母氏，自妾言之，謂之女君，自妾子言之，謂之君母，趙盾雖爲嫡子，猶以姬氏爲君母。」然左僖四載申生稱驪姬曰「姬氏」，左隱元載鄭莊公稱其母曰「姜氏」，則左傳有子稱母曰某氏之例，此趙盾稱趙姬爲君姬氏者，蓋以趙姬爲晉文公女，晉成公姊妹，與君有關，故於「姬氏」上冠以君字耳。左傳人物名號，與王有關，冠王字，與公有關，冠公字，與君有關亦得冠君字也，詳頁五一。

1955、趙括（宣十二）、屏括（僖二十四）、括（宣二）、屏季（宣二）、屏（宣十二）——晉

　　案：左僖二十四「文公妻趙衰，生原同、屏括、樓嬰」，則屏括爲趙衰之子，左宣十二稱之爲「趙括」，則趙，其氏也。括蓋其名。稱屏括者，杜注云：「原、屏、樓，三子之邑。」謂原爲趙同之邑，因稱原同，樓爲趙嬰齊之邑，因稱樓嬰，而屏爲趙括之邑，因稱屏括，其說是也。左宣十二知季曰：「原、屏、咎之徒也。」屏指屏括，蓋趙括以采邑屏爲氏，故時人因而稱之也。左宣二「趙盾請以括爲公族……使屏季以其故族爲公族大夫」，稱趙括曰屏季，杜注云：「括，趙盾異母弟，趙姬之中子屏季也。」其稱屏季者，季當是其行次，爲幼子之稱。然則杜注以爲中子者，依左僖二十四「原同、屏括、樓嬰」之次，趙括爲趙同之弟，趙嬰齊之兄，同傳趙姬「使其三子下之」，謂趙姬使其三子位於趙盾之下，知此三人皆爲趙姬之子，杜注以爲趙姬中子者，當不誤也。又左成五載趙嬰齊曰：「我亡，吾二昆其憂哉！」昆當釋爲兄，如左昭二「昆弟爭室」，謂兄弟也，由趙嬰齊稱趙同、趙括爲兄，亦可證趙姬之三子，以趙同爲長、趙括次之、趙嬰齊爲幼。趙括居中，何以稱季？疑趙同爲趙姬長子，或因其異母兄趙盾稱孟，故以叔爲行次，左宣十五即稱原叔，原叔之下有二弟，依先儒之說，周代兄弟多者，伯仲叔季不足以分配，居中者皆稱叔，詳頁三三，然此屏括居中，而曰屏季，則未知其故矣。

1956、趙盾（文六）、盾（僖二十三）、宣子（文六）、趙孟（文六）、趙宣子（文七）、宣孟（成八）——晉

　　案：左僖二十三重耳「以叔隗妻趙衰，生盾」，則趙盾爲趙衰子，則趙，其氏也。左宣二經「晉趙盾弒其君夷皋」，經多書名，盾蓋其名也。左文六陽處父「謂趙盾能……宣子於是乎始爲國政」，杜注：「宣，趙盾諡。」以宣爲趙盾之諡，是也。同傳稱趙盾曰「趙孟」，其稱趙孟者何？左僖二十三載趙衰娶叔隗，生趙盾，左僖二十四又載其娶晉文公女趙姬，生原同、屏括、樓嬰，原同稱原叔，屏括稱屏季，以叔、季爲行次，樓嬰則又屏括之後，趙盾蓋年長於此三人。左僖二十四趙姬請趙衰迎叔隗云：「得寵忘舊，何以使人？」舊指叔隗，則叔隗爲趙衰前妻。趙盾自左文六掌晉之國政，至左宣六後即不再見於經傳，而趙姬三子則自左宣十二爲中軍大夫、下軍大夫後始常見於經傳，至左成八晉討原同、屏括爲止。由此觀之，趙盾當年長於趙姬三

子，其稱趙孟，孟當是其行次。左成八韓厥言於晉侯曰：「宣孟之忠。」稱宣孟者，宣爲其諡，孟爲其行次，而史記趙世家謂「趙盾卒，諡爲宣孟」，以宣孟爲趙盾諡，則非也。因孟爲其行次，而後其家宗子多稱孟，如趙武、趙鞅，皆稱趙孟，趙無恤非長子，傳亦稱趙孟，其父趙衰之行次爲季，亦稱孟子餘，見 1717 無恤及 1960 趙衰條。

1957、趙穿（文十二）、穿（文十二）──晉

案：左文十二士會告秦伯曰「趙有側室曰穿」，下文稱趙穿，杜注：「穿，趙夙庶孫。」則趙爲其氏。左宣元經「晉趙穿帥師侵崇」，經多書名，穿當是其名。

1958、趙旃（宣十二）、趙傁（宣十二）──晉

案：左宣十二「趙旃求卿未得」，杜注：「旃，趙穿子。」則趙，其氏也，旃或其名。同傳逢大夫二子稱其爲「趙傁」，杜注：「傁，老稱也。」會箋云：「傁與叟同，孟子趙注：叟，長老之稱，此尊之之辭。」

1959、趙朔（宣八）、趙莊子（宣十二）──晉

案：左宣八「使趙朔佐下軍」，杜注：「朔，盾之子。」謂趙朔爲趙盾之子，則趙，其氏也，朔或其名也。左宣十二「趙莊子曰」，杜注：「莊子，趙朔。」莊蓋其諡也。

1960、趙衰（僖二十三）、衰（僖二十三）、子餘（僖二十四）、趙成子（文二）、成季（文六）、趙（文八）、孟子餘（昭元）──晉

案：左僖二十三「從者狐偃、趙衰……」，杜注：「趙衰，趙夙弟。」史記趙世家謂周繆王「賜造父以趙城，由此爲趙氏」，趙衰，其後也，則趙，其氏也。傳又載子犯曰「吾不如衰之文也」，衰當爲其名也。左僖二十四「子餘辭」，杜注：「子餘，趙衰字。」趙世家亦云：「趙衰，字子餘。」則餘爲趙衰之字。左文二「趙成子言於諸大夫曰」，杜注：「成子，趙衰。」成蓋其諡也。左文六「成季之屬也」，杜注以成季爲趙衰，成爲其諡，季蓋其行次，與魯公子友之稱成季同例。趙世家云：「趙衰卒，諡爲成季。」以成季爲其諡，蓋非也。左昭元「趙孟適南陽，將會孟子餘」，杜注：「孟子餘，趙衰、趙武之曾祖。」孔疏云：「服虔以孟爲趙盾，子餘爲趙衰，若其必然，當先衰後盾，何以先言孟也？杜以孟子餘是趙衰一人，蓋子餘是字，孟是長幼之字也。」服虔以「孟子餘」爲趙盾、趙衰二人，固非，孔疏以孟爲趙衰之行次，亦非，國語晉語四謂「趙衰……趙夙之弟也」，則趙衰何得稱孟？因其爲趙夙之弟，

故以謚配行次曰成季，孟子餘者，孟當是其子趙盾之行次，趙氏自盾執晉政後始大昌盛，盾行輩爲孟，故稱趙孟，其後嗣位者雖非長子，亦稱趙孟，詳1717 無恤條。趙氏自趙盾後以孟稱，故亦以此號名盾父，曰孟子餘也。

1961、趙莊姬（成四）、姬氏（成八）、孟姬（成十七）──晉

　　案：左成四「晉趙嬰通于趙莊姬」，杜注：「莊姬、趙朔妻。」趙朔謚莊，傳稱趙莊子，趙莊姬之莊，即得自夫謚，姬則其母家姓，左成八杜注謂其爲「晉成公女」。以夫氏配夫謚配母家姓，故稱趙莊姬。左成八稱「姬氏」，以母家姓爲稱也。左成十七韓厥稱其曰「孟姬」，或孟爲其行次，以行次配母家姓曰孟姬，猶左隱元惠公元妃爲宋女，傳稱孟子也。

1962、趙勝（襄二十三）──晉

　　案：左襄二十三「齊侯遂伐晉，取朝歌……趙勝帥東陽之師以追之」，杜注：「趙勝，趙旃之子。」則趙，其氏也。國語魯語下述此事云：「齊人……伐取朝歌……邯鄲勝擊齊之左。」稱其曰邯鄲勝，韋注云：「邯鄲勝，晉大夫，趙旃之子須子勝也，食采邯鄲。」因食采邯鄲，故又稱邯鄲勝。其子傳稱邯鄲午，見左定十。

1963、趙朝（昭二十八）──晉

　　案：左昭二十八「趙朝爲平陽大夫」，杜注云：「朝，趙勝曾孫。」則趙，其氏也。

1964、趙陽（定十四經）──衛

　　案：左定十四經「衛趙陽出奔宋」，杜注：「陽，趙黡孫。」趙黡爲衛大夫，見左昭九，則趙，其氏也。經多書名，陽蓋其名也，杜注亦以陽爲其名。孔疏云：「案世本，懿子兼生昭子舉，舉生趙陽，兼即黡也。」此言其世系。傳云「衛侯逐公叔戌與其黨，故趙陽奔宋」，則趙陽爲衛大夫。然公、穀以趙陽爲晉人，云「晉趙陽出奔宋」，毛奇齡簡書誤云：「趙陽，衛大夫；趙，氏；名陽者，以其黨于公叔文子之子公叔戌，故衛侯並逐之，杜氏謂趙陽即趙黡之孫，而正義據世本，謂懿子兼即趙黡，生昭子舉，舉生趙陽，是顯有明據，而公、穀極陋，祇知晉有趙氏，他國未必有，遂奮筆改此，此與前齊欒施來奔改晉欒施來奔，同一笑話。」

1965、趙鞅（昭二十五經）、趙簡子（昭二十五）、簡子（昭二十五）、鞅（昭二十五）、志父（哀二）、趙孟（昭二十九）──晉

案：左昭二十五「趙簡子令諸侯之大夫……」，杜注：「簡子，趙鞅。」左定十三孔疏引杜氏世族譜云：「成生鞅。」謂趙鞅爲趙成之子，則趙，其氏也。又簡蓋其謚也。左昭二十五又載「簡子曰：『鞅也……』」，自稱鞅，則鞅爲其名。左哀二衛大子蒯聵禱於文王、康叔、襄公曰：「鄭勝亂從，晉午在難……使鞅討之」，稱鄭、晉之君名，又稱趙鞅爲鞅，則鞅必其名也。春秋經自昭二十五至哀十五止亦屢稱趙鞅，則鞅爲其名。然左哀二趙鞅誓於軍曰：「志父無罪。」左哀十七趙鞅使告于衛曰「以免志父」，皆自稱志父，左哀二十其子無恤使告于吳曰「君之先臣志父」，亦稱志父，似志父亦趙鞅之另一名。左哀二杜注云：「志父，趙簡子之一名也。」孔疏引服虔云：「趙鞅入于晉陽以叛，諸侯之策書曰晉趙鞅以叛，既復，更名志父。」國語晉語九韋注亦云：「志父，簡子後名。春秋書趙鞅入晉陽以叛，後得反國，故改爲志父。」左定十三經書「晉趙鞅入于晉陽以叛」，同年冬書「晉趙鞅歸于晉」，此韋注所據之文也。春秋時人有改名之舉，如左宣四鬬氏爲亂，令尹子文孫克黃自拘於司敗，楚王赦之，改名曰生；楚太子、公子登位，亦皆改名，詳頁二四，趙鞅或以大難之後，亦改名爲志父歟？故左昭二十五自稱鞅，而左哀二即自稱志父，然此所改之名止適用於自稱，故左哀二衛大子禱於神，仍呼其名曰鞅，而春秋經於哀公之世，亦仍書趙鞅也。左昭二十九謂之「趙孟」，趙盾後之嗣立者稱趙孟，詳 1956 趙盾條。

1966、趙稷（定十三）——晉

案：左定十三「趙稷、涉賓以邯鄲叛」，杜注：「稷，趙午子。」則趙，其氏也。

**1967、趙嬰齊（宣十二）、樓嬰（僖二十四）、趙嬰（成四）、嬰（成五）
——晉**

案：左僖二十四「文公妻趙衰，生原同、屏括、樓嬰」，則樓嬰爲趙衰之子，左成四稱之爲趙嬰，則趙，其氏也。杜注原同、屏括、樓嬰云：「原、屏、樓，三子之邑。」謂樓爲趙嬰之采邑，故又稱樓嬰。左通補釋七引春秋地名攷略四云：「今山西隰州永和縣南十里有樓山城。」謂山西有樓山城，蓋以此地爲趙嬰之采邑。左宣十二「趙括、趙嬰齊爲中軍大夫」，杜注：「括、嬰齊皆趙盾異母弟。」謂趙嬰齊即趙嬰，左傳魯有公孫嬰齊，楚有公子嬰齊，皆以嬰齊爲名，則趙嬰齊亦當名嬰齊。其稱趙嬰、嬰者，兩字名而省其一也，詳頁二四。

1968、趙獲（昭三）——晉

　　案：左昭三「趙獲曰」，杜注云：「獲，趙文子之子。」謂趙獲爲趙武之子，則趙，其氏也。

1969、趙羅（哀二）、羅（哀二）——晉

　　案：左哀二「繁羽御趙羅，宋勇爲右」，杜注：「三子，晉大夫。」傳又云「羅無勇」，稱趙羅爲羅，羅爲其名或字。趙爲晉之大家，陳氏世族譜及春秋大事表十二上於晉趙氏下皆列趙羅，以趙爲其氏。

1970、趙黶（昭九）——衛

　　案：左昭九「叔弓……衛趙黶會楚子于陳」，則趙黶爲衛大夫，其子曰趙陽，見左定十四經。

1971、輔躒（襄二十四）——晉

　　案：左襄二十四「晉侯使張骼、輔躒致楚師」，則輔躒爲晉人。

1972、鄖將師（昭二十七）、將師（昭二十七）——楚

　　案：左昭二十七楚「鄖將師爲右領」，杜注謂右領爲楚官名，則鄖將師爲楚大夫。同傳又稱「鄖氏」、「將師」，則鄖爲其氏，將師蓋其名也。

1973、齊子（閔二）——衛

　　案：左閔二齊人使衛宣公子昭伯烝於衛宣公夫人宣姜「生齊子、戴公……」，杜氏世族譜衛齊氏下云：「齊子，昭伯子也，齊子無子，戴公以其子惡爲之後。」謂齊子爲衛齊氏之始祖，又謂其弟衛戴公以子「惡」爲之後；然杜氏世族譜又云：「齊惡，齊子四世孫。」則似自相矛自矣。會箋云：「齊子，謂嫁于齊者，僖十七年齊侯好內，多內寵，內嬖如夫人者六人，長衛姬生武孟，注『武孟，公子無虧』，齊子即長衛姬也。」謂齊子爲宣姜之女，嫁於齊，故曰齊子，然其說並無證據，且春秋婦女繫姓爲稱，衛爲姬姓之國，依其說或宜稱齊姬矣，今稱齊子，則知其說非也。左通補釋四云：「齊子，未詳其名，疑齊是其謚，後遂以爲氏，故昭六年齊惡亦稱齊子。」左傳人物名號中，有以字配子者，若謂齊子之後爲齊氏，則不若謂齊爲其字，後人以字爲氏，實較妥當。

1974、齊侯小白（僖十七經）、公子小白（莊八）、齊小白（莊九經）、桓公（莊九）、齊侯（莊十）、齊桓公（閔二）、小白（僖九）、齊桓（僖十九）、桓（襄二十五）——齊

案：左僖十七經「齊侯小白卒」，則小白，其名也，詳 0857 宋公固條。杜注云：「赴以名。」亦以小白爲其名。左傳九齊桓公曰「小白余敢貪天子之命……」，自稱小白，亦可證小白爲其名。左莊八「奉公子小白……」，杜注：「小白，僖公庶子。」以其爲國君之子，故稱公子。左傳十八「葬齊桓公」，桓蓋其謚也。

1975、齊侯元（宣十經）、惠公（僖十七）、元（文十四）、公子元（文十四）、齊侯（文十八）、齊惠公（宣十經）──齊

案：左宣十經「齊侯元卒」，則元，其名也，詳 0857 宋公固條。同經「葬齊惠公」，惠蓋其謚也。

1976、齊侯杵臼（哀五經）、景公（襄二十五）、齊侯（襄二十六）、齊景公（哀五經）──齊

案：左哀五經「齊侯杵臼卒」，則杵臼，其名也，詳 0857 宋公固條。同經「葬齊景公」，景蓋其謚也。

1977、齊侯昭（僖二十七經）、孝公（僖十七）、齊侯（僖二十三經）、齊孝公（僖二十六）──齊

案：左僖二十七經「齊侯昭卒」，則昭，其名也，詳 0857 宋公固條。經又云「葬齊孝公」，孝蓋其謚也。

1978、齊侯無野（成九經）、齊侯（宣十經）、齊頃公（宣十七）、頃公（成二）──齊

案：左成九經「齊侯無野卒」，則無野，其名也，詳 0857 宋公固條。同經「葬齊頃公」，頃蓋其謚也。

1979、齊侯陽生（哀十經）、公子陽生（哀五）、齊陽生（哀六經）、陽生（哀六）、悼公（哀六）、齊悼公（哀八）、齊侯（哀八）──齊

案：左哀十經「齊侯陽生卒」，則陽生，其名也。詳 0857 宋公固條。同經「葬齊悼公」，悼蓋其謚也。

1980、齊侯祿父（桓十四經）、齊侯（隱三經）、齊僖公（桓十五經）、僖公（莊八）、僖（昭十三）──齊

案：左桓十四經「齊侯祿父卒」，則祿父，其名也，詳 0857 宋公固條。左桓十五經「葬齊僖公」，僖蓋其謚也。

1981、齊侯潘（文十四經）、齊侯（僖二十八經）、齊昭公（文十四）、齊潘
　　　（定四）──齊

　　　案：左文十四經「齊侯潘卒」，則潘，其名也，詳 0857 宋公固條。左定
四祝佗述踐土之盟載書稱「齊潘」，以國名配名爲稱。左文十四稱之爲「齊昭
公」，昭蓋其謚也。

1982、齊侯環（襄十九經）、齊侯（成十經）、靈公（成十七）、齊靈公（襄
　　　二）、環（襄十四）、齊環（襄十八）──齊

　　　案：左襄十九經「齊侯環卒」，則環，其名也，詳 0857 宋公固條。左襄
十四「王使劉定公賜齊侯命曰：『……今余命女環……』」天子命諸侯當稱名，
故杜注云：「環，齊靈公名。」左襄十八中行獻子禱於河曰「齊環怙恃其險……」
神前稱名，故杜注亦云：「環，齊靈公名。」皆可證其名環。左襄十九經「葬
齊靈公」，靈蓋其謚也。左襄二「君子是以知齊靈公之爲靈也」，杜注：「謚
法：亂而不損曰靈，言謚應其行。」亦可證靈爲其謚。

1983、齊姜（文十四）──邾

　　　案：左文十四「邾文公元妃齊姜生定公」，邾定公名貜且。同傳載邾人云
「齊出貜且長」，謂齊女所生貜且年長，則齊姜爲齊女，齊姜之齊，其母家國
名也，姜，其母家姓也。

1984、齊姜（莊二十八）──晉

　　　案：左莊二十八「晉獻公娶于賈，無子，烝於齊姜……」，杜注：「齊姜，
武公妾。」春秋時女子名號有以母家國名配母家姓者，亦有以己謚配母家姓
者，齊爲姜姓之國，其稱齊姜，蓋齊國之女也，不然則齊爲其謚也。

1985、齊姜（襄二經）、姜氏（成十四經）、夫人姜氏（襄二經）──魯

　　　案：左成十四經「僑如以夫人婦姜氏至自齊」，則魯成公夫人爲齊女，
故稱姜氏。左襄二經「夫人姜氏薨……葬我小君齊姜」，其稱齊姜者，杜注：
「齊，謚也。」孔疏云：「謚法：執心克莊曰齊，是齊爲謚也，葬而舉謚，
禮之常也。」亦以齊爲其謚。

1986、齊豹（昭二十）、齊子氏（昭二十）──衛

　　　案：左昭二十「衛公孟縶狎齊豹」，杜注：「齊豹，齊惡之子。」則齊，
其氏也，豹蓋其名歟？傳續云「齊子氏惟於門外而伏甲焉」，杜注：「齊豹之
家。」以齊豹釋齊子，以家釋氏，是也。稱齊子者，以氏配子，爲春秋時卿

大夫稱謂之適例。

1987、齊惡（昭元經）、齊子（昭元）──衛

　　案：左昭元經「叔孫豹會……衛齊惡……于虢」，齊惡傳稱齊子，則齊蓋其氏，杜氏世族譜亦列齊惡於衛齊氏下，以齊爲其氏。經多書名，惡蓋其名。稱齊子者，以氏配子，稱某子，爲春秋時卿大夫稱謂之常例。

1988、齊歸（襄三十一）、夫人歸氏（昭十一經）──魯

　　案：左昭十一經「夫人歸氏薨……葬我小君齊歸」，杜注：「昭公母，胡女，歸姓。」又云：「齊，謚。」謂歸爲其母家姓，故稱歸氏，齊爲其謚，故又稱齊歸。左襄三十一謂齊歸爲「胡女敬歸」之娣，則齊歸亦胡女，杜注謂「胡爲歸姓之國」是也，故二女皆以謚配母家姓，稱某歸。

十五畫

1989、儀行父（宣九）、行父（宣十）、儀（成二）──陳

　　案：左宣九「陳靈公與孔寧、儀行父通於夏姬」，杜注：「二子，陳卿。」左成二申公巫臣謂夏姬「出孔、儀」，孔爲孔寧，儀指儀行父，則儀蓋其氏也。左宣十一經「楚子……納公孫寧、儀行父于陳」，經多書名，行父蓋其名也。魯季孫行父亦以行父爲名，參 1023 季孫行父條。

1990、儋括（襄三十）、括（襄三十）──周

　　案：左襄三十「王儋季卒，其子括將見王而歎……儋括欲立王子佞夫」，儋括爲周簡王子儋季之子，是王孫，氏儋，詳 0510 王儋季條。傳文稱括，括或其名也。

1991、儋翩（定六）──周

　　案：左定六「周儋翩率王子朝之徒」，杜注：「儋翩，子朝餘黨。」周簡王之子曰王儋季，其子曰儋括，以儋爲氏，儋翩蓋其後也。

1992、劉子摯（昭二十二）、劉獻公（昭十二）、劉子（昭十三經）──周

　　案：左昭十二「成景之族賂劉獻公」，杜注：「劉獻公亦周卿士，劉定公子。」劉定公即劉夏，見 1996 劉夏條，則劉，其氏也，獻蓋其謚也。左昭二十二稱「劉子摯」，摯蓋其名也。

1993、劉州鳩（昭十二）──周

　　案：左昭十二周劉獻公等「殺劉州鳩」，杜注：「周大夫。」周自左宣十劉康公起，有劉氏，劉州鳩爲周大夫，蓋劉康公之後也，故春秋分記世譜一、

陳氏世族譜、春秋大事表十二上，周劉氏下皆列劉州鳩，以劉爲其氏。州鳩當是其名。

1994、劉佗（昭二十三）──周

案：左昭二十三「尹圉誘劉佗殺之」，杜注：「劉佗，劉蚠族。」則劉，其氏也。

1995、劉卷（定四經）、劉子（昭二十二經）、伯蚠（昭二十二）、劉蚠（昭二十二）、劉文公（昭二十三）、劉狄（昭二十六）──周

案：左昭二十二「劉獻公之庶子伯蚠事單穆公……單子立劉蚠」，則此爲劉獻公之子，劉，其氏也。左昭二十六王子朝使告於諸侯曰：「單旗、劉狄剝亂天下。」杜注謂劉狄即劉蚠。左定四經「劉卷卒」，杜注又云：「即劉蚠也。」則劉卷、劉狄、劉蚠、伯蚠，一人也，經多書名，則卷蓋其名也。王子朝以劉狄、單旗並稱，旗爲單旗之名，則狄亦當爲劉狄之名。解詁云：「周劉狄，字伯蚠。」亦謂狄爲其名，而以伯蚠爲其字，蚠蓋其字，而伯則其行次，故以氏配字稱劉蚠也。左昭二十三稱「劉文公」文蓋其謚也。

1996、劉夏（襄十五經）、劉定公（襄十四）、劉子（昭元）──周

案：左襄十五經「劉夏逆王后于齊」，杜注：「劉，采地；夏，名。」以夏爲其名。孔疏謂：「宣十年天王使王季子來聘，傳稱劉康公來聘，是王季子食采於劉，遂爲劉氏，此劉夏當是康公之子，即前年傳稱劉定公是也。」謂劉爲劉夏之氏，又以爲即劉定公，定蓋其謚也。

1997、劉桓公（定七）、劉子（定七）──周

案：左定七「劉桓公……」，杜注：「劉文公之子。」則劉，其氏也。桓蓋其謚。

1998、劉累（昭二十九）

案：左昭二十九「有陶唐氏既衰，其後有劉累……夏后嘉之，賜氏曰御龍……范氏其後也」，則劉累爲堯後，晉范氏之先人，亦見於左襄二十四。左文十三范武子由秦歸晉，「其處者爲劉氏」，即因范武子爲劉累之後，故范武子之子孫處秦者，以劉爲氏也。

1999、劉毅（襄三十）──周

案：左襄三十「尹言多、劉毅……殺佞夫」，杜注謂劉毅爲「周大夫」，周自左宣十劉康公起有劉氏，劉毅爲周大夫，蓋劉康公之後也，故春秋分記

世譜一、陳氏世族譜、春秋大事表十二上、周劉氏下皆列劉毅，以劉爲其氏。

2000、劉難（襄十八）——晉

　　案：左襄十八「劉難、士弱率諸侯之師……」，杜注：「二子，晉大夫。」傳以劉難與士弱並稱，士爲士弱之氏，疑劉亦劉難之氏。周自劉康公後有劉氏，晉則士會之後在秦者亦氏劉，然則劉難與此二劉氏或有關也。

2001、厲公（昭七）——宋

　　案：左昭七「弗父何以有宋而授厲公」，據史記宋微子世家，宋厲公爲宋潜公共之子。

2002、厲王（文二）、厲（僖二十四）——周

　　案：左文二「鄭祖厲王」，杜注：「厲王，鄭桓公父。」厲王即周厲王，周宣王之父。

2003、厲媯（隱三）——衛

　　案：左隱三衛莊公「娶于陳……曰厲媯……其娣戴媯……」，杜注：「媯，陳姓也，厲、戴皆諡。」衛莊公諡莊，厲、戴與夫諡異，則爲二人之諡，以己諡配母家姓，故曰厲媯。

2004、媯氏（隱八）、媯（隱八）——鄭

　　案：左隱八「鄭公子忽如陳逆婦媯……以媯氏歸」，媯、陳國之姓，曰媯、曰媯氏，以母家姓稱，皆春秋婦女稱謂方式之一。

2005、廚人濮（昭二十一）——宋

　　案：左昭二十一「廚人濮曰」，杜注：「濮，宋廚邑大夫。」此與左襄十耶人紇一律，濮蓋其名也。

2006、慮癸（昭十四）——魯

　　案：左昭十四「南蒯之將叛也，盟費人，司徒老祁、慮癸僞廢疾」，孔疏謂杜氏世族譜以「司徒老祁爲一人，慮癸爲一人」，引服虔之說同，孔疏引服虔云：「慮癸，亦姓、字也。」蓋以慮爲氏，癸爲字。會箋則云：「蓋司徒老是一人，祁慮癸是一人，皆其氏名……晉有祁瞞、祁奚、祁勝，可以爲左証。」以祁爲其氏，慮癸爲其名，因其與服、杜斷句不同，故其解說名字亦異。楊注則仍從服、杜之說斷句。

2007、慶比（昭二十）——衛

　　案：左昭二十衛亂，「慶比御公」，謂慶比御衛靈公，則慶比爲衛人。

2008、慶氏（定七）──周

　　案：左定七「單子、劉子逆王于慶氏」，杜注：「慶氏，守姑蕕大夫。」左定六「天王處於姑蕕」，杜注：「姑蕕，周地。」則單子、劉子逆周王于姑蕕之慶氏。

2009、慶佐（成十八）──齊

　　案：左成十八「慶佐爲司寇」，杜注：「慶克子。」則慶，其氏也。

2010、慶克（成十七）──齊

　　案：左成十七「齊慶克通于聲孟子」，杜注：「慶克，慶封父。」通志氏族略第三：「慶氏，姜姓，齊桓公之子公子無虧之後也。無虧生慶克，亦謂之慶父，名字通用，是亦以字爲氏者。」謂慶克乃齊公子無虧之子也。其所謂名字通用者，指慶字而言，然古人蓋無所謂名字通用者，而有字冠名上，如張侯、南楚者，亦有字配父字，如儀父、孔父者，然則慶克蓋名克字慶，名字連言曰慶克，以字配父曰慶父，非名字通用也。氏族略又謂「臣謹按，諸侯之子稱公子，公子之子稱公孫，公孫之子以王父字爲氏，今無虧之子慶父，其後爲慶氏，此又以父字爲氏，而不以王父字爲氏也。」謂諸侯之曾孫多以王父字爲氏，而慶克之後則以父字爲氏。古人有以父字爲氏者，詳頁三十。

2011、慶舍（襄二十八）、子之（襄二十八）──齊

　　案：左襄二十八「齊慶封好田而耆酒，與慶舍政」，杜注：「舍，慶封子。」則慶舍之慶，其氏也。傳又云「癸臣子之」，杜注謂子之即慶舍。解詁云：「齊慶舍，字子之。」並謂「夏官司戈盾鄭注、桓十六年公羊傳何注並曰：『舍，止也。』之當爲止，二字篆書相似而誤（原注：陳風墓門篇『歌以訊之』，續列女傳作『歌以訊止』，小雅車牽篇『高山仰止』，釋文曰『本或作仰之』），王氏謂子之之「之」當作「止」，形似而譌。舍即止，名舍，字止，名字相應。而俞樾春秋名字解詁補義則謂「樾謂王說非也。爾雅釋詁：『之，往也。』往必有所舍，故名舍而字子之，與楚令尹舍字子發同義。若必改讀爲子止，則楚令尹不當作子發矣。」以爲不必改之爲止，名字亦相應。

2012、慶虎（襄七）──陳

　　案：左襄七「慶虎、慶寅謂楚人曰」，杜注：「二慶，陳執政大夫。」左襄二十三稱慶虎、慶寅曰「慶氏」，則慶，其氏也。

2013、慶奰（襄二十八）、慶繩（襄二十八）──齊

案：左襄二十八「嘗于大公之廟……慶舍涖事……慶奊爲上獻……遂殺慶繩」，杜注：「慶繩，慶奊。」春秋分記世譜二及陳氏世族譜齊慶氏下列慶奊，以慶爲其氏。說文：「奊，頭衺骫奊態也。」段注云：「頭衺者，頭不正，骫奊者，頭不正之皃也。左傳齊有慶奊，即慶繩，蓋以頭邪爲名，以繩直爲字，名字相應也。」謂奊爲其名，繩爲其字。

2014、慶封（成十八）、慶季（襄二十七）、子家（襄二十八）——齊

案：左成十八「慶封爲大夫」，杜注：「慶克子。」則慶，其氏也。左襄二十八經「齊慶封來奔」，經多書名，封當是其名，杜注：「書名罪之。」亦以封爲其名。左襄二十七「齊慶封來聘，其車美，孟孫謂叔孫曰：『慶季之車不亦寶乎？』」杜注：「季，慶封字。」季蓋其行次，楊注云：「禮記檀弓上五十以伯仲，蓋慶封行第最幼，故稱慶季。」是亦以季爲其行次。左襄二十八「謂子家速歸」，杜注：「子家，慶封字。」解詁亦云：「齊慶封，字子家。」並釋名字相應之義云：「封讀爲邦（原注：康誥正義曰『古字邦，封同』，商頌元鳥篇『邦畿千里』李善西京賦注引作『封畿千里』……）邦與家相對爲文。」其說是也。家乃慶封之字，季爲其行次，非字，杜注稱行次爲字，故致其注左傳人物之行次與字時，無以分別。

2015、慶寅（襄七）——陳

案：左襄七「慶虎、慶寅謂楚人曰」，杜注：「二慶，陳執政大夫。」左襄二十三稱二慶曰「慶氏」，則慶，其氏也。

2016、慶嗣（襄二十八）、子息（襄二十八）——齊

案：左襄二十八「慶嗣聞之」，杜注：「嗣，慶封之族。」則慶，其氏也。傳又云「子息曰」，杜注：「子息，慶嗣。」解詁云：「齊慶嗣，字子息。」以嗣爲其名，子息爲其字。

2017、慶樂（襄二十三）——陳

案：左襄二十三「使慶樂往」，杜注：「慶樂，二慶之族。」謂慶樂乃陳慶寅、慶虎之族，則慶，其氏也。

2018、慶鄭（僖十四）——晉

案：左僖十四「慶鄭曰」，杜注：「慶鄭，晉大夫。」

2019、摯荒（昭二十二）——周

案：左昭二十二「殺摯荒以說」，據傳，摯荒爲周人。

2020、欒丁（哀二）──晉

案：左哀二「欒丁曰」，杜注：「欒丁，晉大夫。」梁履繩疑欒丁爲晉欒王鮒之後，欒爲其氏，參 2022 欒王鮒條。

2021、樂大心（昭七）、桐門右師（昭二十五）、右師（昭二十五）──宋

案：左昭七「以易原縣於樂大心」，杜注：「樂大心，宋大夫。」春秋分記世譜七及陳氏世族譜宋樂氏下皆列樂大心，以樂爲其氏。左定十經「宋樂大心出奔曹」，杜注：「書名……」，謂大心爲其名。左昭二十五「叔孫婼聘于宋，桐門右師見之……昭子告其人曰：『右師其亡乎……』」杜注：「右師、樂大心，居桐門。」左昭二十二載「樂大心爲右師」，則名師爲宋官名，叔孫婼稱其曰右師，呼其官名也。杜注謂其居桐門，故稱桐門右師。

2022、樂王鮒（襄二十一）、王鮒（襄二十一）、樂桓子（昭元）、鮒（昭七）　──晉

案：左襄二十一「樂王鮒見叔向」，杜注：「樂王鮒，晉大夫樂桓子。」廣韻王字注引樂王鮒，以樂王爲「複姓」，左通補釋十七駁云：「襄二十三年稱王鮒，昭元年稱樂桓子，則爲樂氏可知。」其說是，則樂爲其氏。左通補釋又云：「疑昭傳之樂徵、欒霄，哀傳之欒丁，皆其後也。」左襄二十一「王鮒曰」，左襄二十三亦稱王鮒，王鮒蓋其名。左昭元叔孫豹曰「然鮒也賄」，稱兩字名之一，左傳人物名號中，兩字名有省稱其一之例，詳頁二四。左昭元稱樂桓子者，桓蓋其諡也。

2023、樂正后夔（昭二十八）、夔（昭二十八）

案：左昭二十八「樂正后夔取之……夔是以不祀」，杜注：「夔，舜典樂之君長。」孔疏曰：「尚書舜典云『帝曰：夔，命汝典樂，教胄子』，是夔爲舜之典樂官也。正，長也；后，君也，故云典樂之君長，王朝公卿，故以后言之，猶謂〔稷〕爲后稷。」

2024、樂朱鉏（哀二十六）──宋

案：左哀二十六「樂朱鉏爲大司寇」，杜注：「朱鉏，欒輐之子。」則樂，其氏也，朱鉏爲其名。

2025、樂耳（文九）──鄭

案：左文九「囚公子堅、公子尨及樂耳」，杜注：「三子，鄭大夫。」則樂耳爲鄭人。左襄三十鄭有樂成，或二人皆氏樂歟？

2026、樂伯（宣十二）——楚

案：左宣十二晉楚邲之戰「楚許伯御樂伯」，則樂伯為楚人。

2027、樂呂（文十八）——宋

案：左文十八「使樂呂為司寇以靖國人」，孔疏引世本云：「戴公生樂甫術，術生碩甫澤，澤生夷父須，須生大司寇名。」則樂呂為宋戴公之玄孫，樂甫術之曾孫，古人凡名字連言，皆先字後名，樂甫術蓋字樂，甫為男子之美稱，猶孔父嘉、華父督之類，後人以其字為氏，曰樂氏、孔氏、華氏也。然則樂，其氏也。

2028、樂成（襄三十）——鄭

案：左襄三十「鄭樂成奔楚」，則樂成為鄭人，樂蓋其氏也，參 2025 樂耳條。

2029、樂舍（昭二十）——宋

案：左昭二十「公子城、公孫忌、樂舍……出奔鄭」，杜注：「舍，樂喜孫……宋大夫。」則樂，其氏也。

2030、樂茷（哀二十六）、司城茷（哀二十六）、子潞（哀二十六）——宋

案：左哀二十六「樂茷為司城」，杜注：「茷，樂溷之子。」則樂，其氏也。因為司城，故傳下文即稱「司城茷」，以官配名為稱。傳下文又云「皇非我因子潞……」，杜注：「子潞，樂茷。」解詁云：「宋樂茷，字子潞。」以茷為其名，子潞為其字。

2031、樂得（哀二十六）、門尹得（哀二十六）——宋

案：左哀二十六「皇非我因子潞、門尹得……」，杜注門尹得云：「樂得。」傳下文即稱樂得，春秋分記世譜七謂樂得為樂豫七世孫。陳氏世族譜宋樂氏下亦列樂得，則樂當是其氏，得或其名也。其稱「門尹得」者，左僖二十八宋有門尹般，春秋大事表十以門尹為官名，蓋樂得官門尹，以官名配名，而稱門尹得也。

2032、樂喜（襄九）、司城子罕（襄六）、子罕（襄六）、司城（襄二十七）
　　——宋

案：左襄九「樂喜為司城以為政」，杜注：「樂書，子罕也。」司城即司空，左隱六「宋以武公廢司空」，杜注：「武公名司空，廢為司城。」是也。因其任司城之官，故左襄六稱「司城子罕」。禮記檀弓下「司城子罕……」

孔疏云：「案世本：『戴公生樂甫術，術生石父顧繹，繹生夷甫傾，傾生東鄉克，克生西鄉士曹，曹生子罕喜。』是子罕為術之五世孫也。」謂子罕為樂甫術五世孫，樂甫術字樂，詳 2027 樂呂條，子罕以先人之字為氏，故稱樂喜。左文十八「樂呂」下孔疏引世本云：「戴公生樂甫術，術生碩甫澤，澤生夷父須，須生大司寇呂。」呂即樂呂，參 2027 樂呂條。疑檀弓下孔疏所引世本「傾生東鄉克」之克，即呂之譌，夷甫傾即夷父須，石父顧繹即碩甫澤，若是，則樂呂為樂喜之祖父也。解詁：「宋樂喜，字子罕。」以喜為其名，子罕為其字。

2033、樂裔（成十五）──宋

　　案：左成十五「樂裔為司寇」，春秋分記世譜三、陳氏世族譜及春秋大事表十二下，於宋樂氏下皆列樂裔、樂嬰齊、樂舉、樂轡、樂溷、樂髡，以樂為其氏。

2034、樂溷（襄九）──宋

　　案：左襄九宋樂喜「使樂溷庀刑器」，樂溷為宋人，蓋氏樂，詳 2033 樂裔條。

2035、樂頑（定十二）──魯

　　案：左定十二「仲尼命申句須、樂頑下伐之」，杜注：「二子，魯大夫。」則樂頑為魯人。

2036、樂髡（哀三經）──宋

　　案：左哀三經「宋樂髡帥師伐曹」，樂髡蓋氏樂，詳 2033 樂裔條。經多書名，髡蓋其名也。

2037、樂輓（昭二十二）──宋

　　案：左昭二十二「樂輓為大司寇」，杜注：「輓，子罕孫。」子罕即宋樂喜，則樂，其氏也。

2038、樂徵（昭二十二）──晉

　　案：左昭二十二「晉箕遺、樂徵、右行詭濟師」，杜注：「三子，晉大夫。」梁履繩疑樂徵為樂王鮒之後，樂為其氏，參 2022 樂王鮒條。

2039、樂霄（昭二十八）──晉

　　案：左昭二十八「樂霄為銅鞮大夫」，梁履繩疑樂霄為晉樂王鮒之後，樂

為其氏，參 2022 樂王鮒條。

2040、樂豫（文七）——宋

　　案：左文七「樂豫為司馬」，杜注：「戴公玄孫。」孔疏云：「世本：『戴公生樂甫術、術生碩甫澤，澤生季甫，甫生僕伊與樂豫。』」據此，則樂豫為樂甫術曾孫，樂甫術字樂，參 2027 樂呂條，則樂豫以先人之字為氏也。

2041、樂嬰齊（宣十五）——宋

　　案：左宣十五「宋人使樂嬰齊告急于晉」，樂嬰齊蓋氏樂，參 2033 樂裔條。

2042、樂舉（成二）——宋

　　案：左成二「君子謂華元、樂舉於是乎不臣」，樂舉蓋氏樂，參 2033 樂裔條。

2043、樂懼（成十六）——宋

　　案：左成十六「宋將鉏、樂懼敗諸汋陂」，杜注：「樂懼，戴公六世孫。」宋戴公之子曰樂甫術，樂甫術子孫以其字「樂」為氏，參 2027 樂呂條。則樂懼當是樂甫術五世孫，氏樂。

2044、樂轡（襄六）、子蕩（襄六）——宋

　　案：左襄六「宋華弱與樂轡少相狎……子蕩怒」，杜注：「子蕩，樂轡也。」樂蓋其氏，參 2033 樂裔條。解詁云：「宋樂轡，字子蕩。」以轡為名，子蕩為其字。

2045、樊仲皮（莊三十）、樊皮（莊二十九）——周

　　案：左莊二十九「樊皮叛王」，杜注：「樊皮，周大夫，樊，其采地；皮，名。」左莊三十「虢公入樊，執樊仲皮，歸于京師」，上引二傳原相連，後人分傳附經始割裂為二，則樊仲皮即樊皮。通志氏族略第三云：「樊氏，姬姓，周太王之子虞仲，支孫仲山甫為周宣王卿士，食采於樊……因邑命氏……以樊皮居之，故名皮城。」國語周語上稱仲山甫為樊仲山、樊穆仲，晉語稱樊仲，上引傳亦謂樊皮居樊，則樊皮之樊，其氏也。仲蓋其行次。以氏配名曰樊皮，以氏配行次配名曰樊仲皮。

2046、樊齊（昭二十三）、樊頃子（昭二十二）——周

　　案：左昭二十二「樊頃子曰」，杜注：「頃子，樊齊。」左昭二十三即稱

樊齊。杜氏世族譜周樊氏下列樊皮，又列樊頃子，以樊爲其氏。其稱樊頃子，頃蓋其謚也。

2047、滕子原（昭三經）、滕子（襄五經）、滕成公（襄六）──滕

案：左昭三經「滕子原卒」，傳云：「同盟，故書名。」以原爲其名。原，公羊作泉，春秋異文箋云：「原與泉義同音近，故公羊作泉。」經又云「葬滕成公」，成蓋其謚也。孔疏云：「杜世族譜，滕成公是文公之子。」滕文公卒於成十六年，則自是以來經所書滕子，皆滕子原也。

2048、滕子結（哀四經）、滕子（定四經）、滕頃公（哀四經）──滕

案：左哀四經「滕子結卒」，則結，其名也，詳 0857 宋公固條。經又書「葬滕頃公」，頃蓋其謚也。左定四經有滕子，春秋經傳引得以爲即此人。

2049、滕子虞毋（哀十一經）、滕隱公（哀十一經）──滕

案：左哀十一經「滕子虞毋卒」，則虞毋，其名也，詳 0857 宋公固條。同經「葬滕隱公」，隱蓋其謚也。

2050、滕子寧（昭二十八經）、滕子（昭四經）、滕悼公（昭二十八經）
　　──滕

案：左昭二十八經「滕子寧卒」，則寧，其名也，詳 0857 宋公固條。經續云「葬滕悼公」，悼蓋其謚也。左昭四經有滕子，春秋經傳引得以爲即此人。

2051、滕子嬰齊（僖十九經）、滕宣公（僖十九）、滕子（僖二十二經）
　　──滕

案：左僖十九經「宋人執滕子嬰齊」，經多書名，嬰齊當是其名也。傳云：「宋人執滕宣公」，宣蓋其謚也。僖二十二經有滕子，不知同一人否，暫歸於此。

2052、滕文公（成十六）、滕子（成十六經）──滕

案：左成十六經「滕子卒」，傳云：「滕文公卒」，文蓋其謚也。

2053、滕侯（隱七經）──滕

案：左隱七經「滕侯卒」，孔疏引杜氏世族譜云：「滕，姬姓，文王子錯叔繡之後，武王封之，居滕。」滕侯即滕國之君也。

2054、滕侯（隱十一經）、滕子（桓二經）──滕

案：左隱十一經「滕侯……來朝」，左桓二經「滕子來朝」，楊注以爲同

一人。左隱十一經稱滕侯，左隱七經亦有滕侯，書「侯」，而左桓二經稱「滕子」，及此後經皆書滕子者，左桓二經杜注云：「蓋時王所黜。」謂滕本侯爵，周桓王黜之爲子爵，會箋從杜氏之說。

2055、滕昭公（文十二）、滕子（文十二經）──滕

　　案：左文十二經「滕子來朝」，傳云：「滕昭公來朝。」昭蓋其諡也。

2056、潁考叔（隱元）──鄭

　　案：左隱元「潁考叔爲潁谷封人」，潁考叔爲潁谷封人，蓋以所守地爲氏，故稱潁考叔，與左桓十一「祭封人仲足」以祭爲氏者一例。廣韻「穎」字注亦以爲其氏，然字作穎，與傳不同。楊注云：「據水經潁水注『陽乾山之潁谷，潁考叔爲其封人』，似仍當從水，不當從禾。」謂潁爲本字，廣韻作穎者，疑誤。

2057、潘子（昭十二）──楚

　　案：左昭十二楚子「使蕩侯，潘子……帥師圍徐以懼吳」，杜注：「楚大夫。」春秋分記世譜五楚潘氏下列潘子，並謂潘黨之子，以潘爲其氏。

2058、潘子臣（定六）──楚

　　案：左定六「獲潘子臣……」，杜注：「楚舟師之帥。」會箋云：「潘，楚邑名，子臣，即其邑大夫。」左通補釋十二疑潘子臣爲潘尪之後，則以潘爲其氏。

2059、潘父（桓二）──晉

　　案：左桓二「晉潘父弒昭侯而立桓叔」，杜注：「潘父，晉大夫也。」

2060、潘尪（宣十二）、師叔（文十六）──楚

　　案：左宣十二「潘尪入盟」，杜注：「潘尪，楚大夫。」傳又載欒書曰「師叔入盟」，則師叔即潘尪也。楊伯峻謂潘尪「字師叔」，見春秋左傳注頁七二○。左成十六稱其子曰潘黨，則潘蓋其氏也。左文元楚大子商臣之師曰潘崇，左通補釋十二引萬氏氏族略云：「潘尪……疑崇之子。」謂潘尪蓋潘崇之子。

2061、潘崇（文元）──楚

　　案：左文元楚大子商臣「告其師潘崇曰」，左宣十二有潘尪、潘黨，或潘崇之後，參 2060 潘尪、2062 潘黨條。

2062、潘黨（宣十二）、叔黨（宣十二）、黨（成十六）──楚

　　案：左成十六「潘黨爲右」，下文又稱「潘尪之黨」，杜注：「黨，潘尪之

子。」潘黨為潘尪之子，則潘，其氏也。稱「潘尪之黨」者，古有繫子於父之習慣，如左襄三十三稱「申鮮虞之傅摯」，是也，詳 1648 傅摯條。左宣十二稱「叔黨」，叔蓋其行次也。

2063、潞子嬰兒（宣十五經）、潞子（宣十五）——潞

　　案：左宣十五經「晉師滅赤狄潞氏，以潞子嬰兒歸」，孔疏云：「潞是國名。」則潞子，潞國之君也。經多書名，嬰兒蓋其名。

2064、瘠（襄十四）、厚成叔（襄十四）、厚孫（襄十四）——魯

　　案：左襄十四「公使厚成叔弔于衛曰：『寡君使瘠……』」，自稱瘠，則瘠為其名，杜注亦云：「瘠，厚成叔名。」其稱厚成叔者，通志氏族略第三云「魯孝公八世孫成叔為郈大夫，因以為氏。」以為原當作郈，郈為其氏，以地為氏者也。禮記檀弓上有「后木」，鄭注：「后木，魯孝公子惠伯鞏之後。」孔疏引世本云：「孝公生惠伯革，其後為厚氏。」則孝公子惠伯，世本稱革，鄭注作鞏；惠伯後人之氏，世本作厚，與此傳合，而禮記作后，孔疏謂「其字異耳」，以為實同一人，同一氏也。呂氏春秋察微篇「郈昭伯」，高注云：「郈氏，魯孝公子惠伯華之後也，以字為氏，因曰郈氏。」高氏稱孝公子惠伯為華，與世本、鄭注作革、鞏不同；呂氏春秋於惠伯後人之氏作郈，與世本、禮記作厚，后不同。以上所列名、氏雖不同，據注疏，實指同一人、同一氏，由是推之，革也、鞏也、華也，皆惠伯之名，蓋本是一字，形近而衍為三字也。厚也、后也、郈也，皆惠伯後人之氏，當原是一字。解詁謂惠伯名鞏字厚，云：「革乃鞏之脫文，古人以王父字為氏，惠伯名鞏字厚，故其後為厚氏。」並釋其名字相應云：「鞏，堅厚也，爾雅『鞏、篤、掔，固也』，『篤、掔，厚也』，鞏、篤、緊同義，篤、掔訓為厚，鞏亦得訓為厚也，凡物薄則，厚則堅，故堅固之意與厚相因也。」經義述聞春秋左傳下云：「后者，厚之借字也……蓋惠伯革，字厚，厚與后通……故其後為后氏。」又謂作郈者，「后旁加邑，蓋傳寫者之誤也。」據其說，惠伯後人之氏，以作「厚」為正。左傳此文作厚，稱厚成叔、厚孫，而左昭二十五則作郈，有郈昭伯，郈孫。傳稱厚成叔者，成蓋其諡也。又稱厚孫者，以其為郈氏之宗子，故稱厚孫也，詳頁十一。

2065、盤庚（襄九）

　　案：左襄九「祀盤庚于西門之外」，杜注：「盤庚，殷王，宋之遠祖。」

2066、穀（文元）、文伯（文七）——魯

案：左文元公孫敖見其二子於周叔服，叔服曰「穀也食子，難也收子」，先稱穀後稱難，蓋穀爲長子。左文七稱穀爲文伯，謂是公孫敖嫡妻之子，而稱難爲惠叔，以爲嫡妻娣之子，則伯、叔蓋其行次也。左文十四「文伯疾，而請曰：『穀之子弱，請立難也。』」自稱穀，則穀，其名也。曰文伯，文蓋其謚也。

2067、穀伯綏（桓七經）、穀伯（桓七）——穀

案：左桓七經「穀伯綏來朝」，傳云「穀伯……來朝，名，賤之也」，杜注：「辟陋小國，賤之，禮不足，故書名。」以穀爲其國名，綏爲其君名。

2068、穀陽豎（成十六）——楚

案：左成十六「穀陽豎獻飲於子反」，杜注：「穀陽，子反內豎。」穀陽豎，韓非子十過篇作豎穀陽，呂氏春秋權勳篇、史記晉世家、楚世家、淮南子人間篇作豎陽穀，與左傳不同。而國語楚語上、漢書古今人表，則與左傳合，作穀陽豎，韋注云：「穀陽豎，子反之內豎也。」蓋杜注所本。周禮天官序官「內豎」，注云：「豎，未冠者之官名。」則豎爲官名，春秋大事表十亦以豎爲官名。左傳人物名號中，官配人名者，官名皆冠上，即如左昭四豎牛，亦以豎字居上，此以官名居下者，實未嘗見，故會箋云：「依文，豎字在上似長。」然楚語上及古今人表皆作穀陽豎，則左傳當原作穀陽豎，非誤倒也。疑穀陽豎之豎或非官名，穀或穀陽爲其氏，陽豎或豎爲其名。左桓七經有穀伯綏，則穀可爲氏；晉懷公名圉，以官名爲名，則豎亦可爲名。諸書之作豎穀陽、豎陽穀者，蓋以獻飲於子反必其家臣內豎，故將豎字提出冠前，然同傳晉欒鍼使使獻飲於楚子重，則非家臣也，且即穀陽豎爲其家臣，而名豎或陽豎亦未嘗不可能。以穀陽豎之豎爲官名，實違左傳人物名號形式之通例。

2069、穀榮（襄二十三）——齊

案：左襄二十三「齊侯伐衛，先驅，穀榮御王孫揮」，則穀榮爲齊人。

2070、窮奇（文十八）

案：左文十八「少暭氏有不才子……天下之民謂之窮奇」，則窮奇爲少暭氏之子，杜注以窮奇即尚書舜典之共工。

2071、箴尹克黃（宣四）、箴尹（宣四）、生（宣四）——楚

案：左宣四令尹子文「其孫箴尹克黃」，謂箴尹克黃爲令尹子文之孫，杜

注：「箴尹，官名。」傳載子樾椒作亂，箴尹克黃與子樾椒皆若敖之後，故箴尹克黃自拘於司敗，而「王思子文之治楚國也，曰：『子文無後，何以勸善？』使復其所，改命曰『生』」，杜注：「易其名也。」孔疏云：「言樾椒之亂，合誅絕其族，今更存立，故命曰『生』，言應死而重生。」則生乃楚王爲箴尹克黃所易之名，而其原名即克黃也。春秋時楚公子、大子即位後有改名之舉，詳頁二四，此則卿大夫改名之例也。

2072、縣 **房甥**（文十一）──魯

　　案：左文十一魯「侯叔夏御莊叔，縣房甥爲右」，則縣房甥爲魯人。

2073、**緡**（桓八）──晉

　　案：左桓八「王命虢仲立晉哀侯之弟緡于晉」，則緡乃晉哀侯之弟，晉鄂侯之子。

2074、**蔡史墨**（昭二十九）、**蔡墨**（昭二十九）、**史墨**（昭三十一）、**史黶**（哀二十）、**黶**（哀二十）──晉

　　案：左昭二十九「魏獻子問於蔡墨」，杜注：「蔡墨，晉大史。」同傳「蔡史墨」，杜注：「即蔡墨。」左昭三十二載史墨預言不及四十年越滅吳，左哀二十吳王夫差問「史黶何以得爲君子」，杜注：「晉史黶云：不及四十年，吳當亡，吳王感問此也。」則杜以史黶即史墨。晉語九有史黶諫趙簡子事，韋注：「晉太史墨。」亦以史黶即史墨。解詁：「晉蔡黶，字墨。」以黶爲其名，墨爲其字。解詁稱蔡黶，蓋以蔡爲其氏，朱駿聲之說同，見說文通訓定聲黶字下。左通補釋二十八則謂「蔡，其氏；墨，其名。」以蔡爲氏，與王、朱之說同，而以墨爲名，則與王、朱之說異。左昭二十九楊注亦云：「蓋其人姓蔡，官大史，墨其名，黶其字。」據上所述，則墨與黶爲其名字，然何者爲名、何者爲字，尚難定耳。蔡則其氏、史則其官。左傳人物任卜、史、醫、樂師等職者，或以職官名冠於名字上，參頁五六。故稱史黶、史墨者，以官名配名字也；稱蔡墨者，以氏配名或字；稱蔡史墨，則以官名配名或字，復冠以氏也。

2075、**蔡甲午**（定四）、**蔡侯**（僖二十一經）──蔡

　　案：左定四祝佗述踐土之盟載書云「王若曰：晉重、魯申、衛武、蔡甲午、鄭捷、齊潘、宋王臣、莒期」，皆以國名配君名爲稱，則甲午爲其名，參1574莒期條。

2076、蔡叔（桓十一經）──蔡

案：左桓十一經「柔會宋公、陳侯、蔡叔盟于折」，杜注：「蔡叔，蔡大夫；叔，名也。」謂蔡叔爲蔡大夫，叔爲其名。孔疏云：「以蔡叔無善可嘉，知叔是名。」左桓十五經「許叔入于許」，杜注：「許人嘉之，以字告也。」據上所引孔疏及杜注，知杜以書行次爲嘉之，執以爲例，以說春秋，故於經書蔡叔，傳無說，以爲無善可嘉，故強以叔爲名，其實非也。蔡叔當是蔡君之弟，叔爲其行次，春秋經於桓、莊間書行次者極多，此亦其一例，參 1554 祭仲足條。楊注云：「張應昌春秋屬辭辨例編云：『桓十一年蔡叔、桓十七年蔡季，叔、季，弟之稱也，蔡叔、許叔、蔡季、紀季是也。』則蔡叔是蔡桓侯母弟，前人多主是說。」是也。

2077、蔡叔（昭元）、蔡（襄二十一）──蔡

案：左昭元「周公殺管叔而蔡蔡叔」，左襄二十一「管蔡爲戮」，此蔡叔爲周武王弟叔度也。何以稱蔡、蔡叔？史記管蔡世家謂武王「封叔度於蔡」，則蔡原是地名，叔度封於此，因以爲國名，又叔爲其行次。據管蔡世家，武王同母兄弟十人，長曰伯邑考，稱伯，幼曰且季載，曰季、餘八人除武王及周公外，皆稱叔，以叔爲行次。參頁三三。

2078、蔡叔〔侯〕考父（隱八經）、蔡宣公（隱八經）──蔡

案：左隱八經「蔡叔考父卒」，叔爲侯之譌，公、穀及會箋本皆作侯，考父爲其名，詳 0857 宋公固條。同經「葬蔡宣公」，宣蓋其謚也。

2079、蔡侯申（宣十七經）、蔡侯（文十七）、蔡文公（宣十七經）、蔡文侯（襄二十）──蔡

案：左宣十七經「蔡侯申卒」，則申，其名也，詳 0857 宋公固條。同經「葬蔡文公」，文蓋其謚也。

2080、蔡侯申（哀四經）、蔡昭侯（定三）、蔡侯（定三）、蔡昭公（哀四經）──蔡

案：左哀四經「盜殺蔡侯申」，經多書名，申蓋其名也。同經「葬蔡昭公」，昭蓋其謚也。

2081、蔡侯朱（昭二十一經）、大子朱（昭二十一）、蔡侯（昭二十一）、朱（昭二十一）──蔡

案：左昭二十一經「蔡侯朱出奔楚」，經多書名，朱蓋其名也。

2082、蔡侯東國（昭二十三經）、東國（昭二十一）——蔡

　　案：左昭二十三經「蔡侯東國卒于楚」，經多書名，東國蓋其名也。杜注亦以東國爲名。

2083、蔡侯肸（僖十四經）、蔡穆侯（僖六）——蔡

　　案：左僖十四經「蔡侯肸卒」，則肸，其名也，詳 0857 宋公固條。左僖六稱蔡穆侯，穆蓋其謚也。

2084、蔡侯封人（桓十七經）、蔡侯（桓二經）、蔡桓侯（桓十七經）——蔡

　　案：左桓十七經「蔡侯封人卒」，則封人爲其名，詳 0857 宋公固條。同經「葬蔡桓侯」，杜注：「稱侯蓋謬誤。」孔疏云：「五等諸侯卒……葬則舉謚稱公，禮之常也，此無貶責，而獨稱侯，故云蓋謬誤也。」會箋亦云：「今蔡桓侯葬而書侯，修經之後，傳寫誤耳。」春秋書諸侯之葬皆舉謚稱公，曰葬某某公，唯此書「葬蔡桓侯」爲例外，杜、孔、竹添等以爲字誤，或是。桓，蓋其謚也。

2085、蔡侯般（昭十一經）、世子般（襄三十經）、大子般（襄三十）、蔡侯（昭四經）、蔡靈侯（昭十一）、靈侯（昭十一）、蔡靈公（昭十三經）——蔡

　　案：左昭十一經「楚子虔誘蔡侯般殺之子申」，經多書名，般蓋其名也。傳稱蔡靈侯，靈蓋其謚也。

2086、蔡侯廬（昭十三經）、蔡平公（昭二十一經）、廬（昭十三）、平侯（昭二十一）——蔡

　　案：左昭十三經「蔡侯廬歸于蔡」，經多書名，則廬蓋其名也。左昭二十一經「葬蔡平公」，平蓋其謚也。

2087、蔡侯獻舞（莊十經）、蔡季（桓十七經）、蔡哀侯（莊十）、蔡侯（莊十）——蔡

　　案：左莊十經荆「以蔡侯獻舞歸」，經多書名，獻舞蓋其名也。傳稱「蔡哀侯」，哀蓋其謚也。左桓十七經稱「蔡季」，杜注：「季，蔡侯弟也。」則季爲其行次。

2088、蔡姬（僖三）——齊

　　案：左僖三「齊侯與蔡姬乘舟于囿，蕩公……公怒，歸之，未之絕也，

蔡人嫁之」，杜注：「蔡姬，齊侯夫人。」則蔡姬為蔡女，蔡為姬姓之國，以母家國名冠母家姓上，故曰蔡姬。

2089、蔡洧（昭十三）——蔡→楚

案：左昭十三「蔡洧有寵於王，王之滅蔡也，其父死焉」，杜注：「楚滅蔡在十一年，洧仕楚，其父在國，故死。」則蔡洧原為蔡人，仕於楚，洧蓋其名。疑蔡洧為蔡之子孫，左傳人物有國君子孫在他國而以其本國名配名為稱之例，詳頁七。

2090、蔡朝（宣十七）——齊

案：左宣十七「齊侯使高固、晏弱、蔡朝、南郭偃會」，則蔡朝為齊人，陳氏世族譜「齊雜姓氏名號」下列蔡朝，亦以為齊人。

2091、蔡鳩居（宣十二）——楚

案：左宣十二「楚子使唐狡與蔡鳩居……」，杜注：「二子，楚大夫。」鳩居蓋其名，蔡則其氏也，或蔡鳩居本蔡人，在楚，以國名為族氏，參頁七。

2092、虢公忌父（隱八）、虢公（隱三）——西虢

案：左隱八「虢公忌父始作卿士子周」，杜氏世族譜以虢公忌父為西虢之君。杜注：「周人以此遂畀之政。」此指左隱三「周人將畀虢公政」之事，依杜注，左隱三之虢公即此虢公忌父。忌父蓋其名。

2093、虢公林父（桓五）、虢仲（桓八）、虢公（桓十）——西虢

案：左桓五「虢公林父將右軍」，杜注：「虢公林父，王卿士。」杜氏世族譜以虢公林父為西虢之君，林父蓋其名。左桓八有虢仲，杜注以為即虢公林父，左桓十有虢仲，又稱虢公，左傳人名地名索引及春秋經傳引得皆以為即虢公林父。

2094、虢公醜（僖五）、虢公（莊十六）、虢叔（莊二十）——西虢

案：左僖五「晉滅虢，虢公醜奔京師」，杜氏世族譜以虢公醜為西虢之君，此西虢亡國之君，醜蓋其名。左莊十六有虢公，左莊二十亦有虢公又稱虢叔，杜注：「叔，虢公字。」春秋經傳引得以為即虢公醜。

2095、虢仲（僖五）——東虢或西虢

案：左僖五「虢仲、虢叔，王季之穆也」，杜注：「虢仲、虢叔，王季之子，文王之母弟也。」虢有二，一為東虢、一為西虢，東虢滅於鄭，為制邑，

在春秋前，見左隱元；西虢滅於晉，見左僖五。孔疏引賈逵云：「虢仲封東虢，制是也，虢叔封西虢，虢公是也。」則賈逵以虢仲為東虢始封君，虢叔為西虢始封君。國語鄭語韋注亦謂東虢為虢仲之後，顧棟高春秋大事表五從之，路史國名紀戊則以虢仲封西虢，虢叔封東虢，杜氏世族譜亦以虢仲封西虢，則與賈逵、韋昭之說適相反，未知孰是。杜注又云：「仲，叔皆其君字。」以虢仲、虢叔之仲、叔為字，仲、叔蓋其行次。

2096、虢叔（隱元）——東虢

案：左隱元「虢叔死焉」，杜注云：「虢叔，東虢君也，……鄭滅之。」虢叔為東虢始封君之後，稱虢叔者，孔疏謂其「字叔也」，叔蓋其行次。

2097、虢叔（僖五）——東虢或西虢

案：左僖五「虢仲、虢叔，王季之穆也」，虢叔為王季之子，周文王之弟，東虢或西虢始封君，叔蓋其行次，參 2095 虢仲條。

2098、虢射（僖八）——晉

案：左僖八晉「虢射為右」，會箋云：「虢射以國為氏。」東虢亡於春秋前，西虢亡於僖五年，此虢射仕晉，故會箋謂虢射以國為氏，謂虢為其氏。

2099、褚師子肥（哀八）——宋

案：左哀八「褚師子肥殿」，杜注：「子肥，宋大夫。」春秋大事表十以褚師為宋官，左襄二十有宋共公子曰褚師段者，通志氏族略第四謂褚師段「為褚師，因氏焉」，不知褚師子肥為其後歟？抑官褚師？

2100、褚師比（哀十五）、褚師聲子（哀二十五）、褚師（哀二十五）——衛

案：左哀十五「歸告褚師比」，杜注：「比，褚師聲子。」左哀二十五即謂之「褚師聲子」，杜氏世族譜衛褚師氏下首列褚師定子，次列諸師比，以褚師為其氏。聲，蓋其謚也。

2101、褚師定子（哀二十六）——衛

案：左哀二十六「掘褚師定子之墓」，杜注：「定子，褚師比之父也。」杜氏世族譜衛有褚師氏，首列褚師定子，次列其子諸師比。云「褚師比，褚師定子之子」，則以褚師為其氏。定蓋其謚也。

2102、褚師段（襄二十）——宋

案：左襄二十「褚師段逆之以受享」，杜注云：「段，共公子，子石也。」通志氏族略第四「褚師氏：宋共公子子石，爲褚師，因氏焉」，謂褚師爲其官，後以爲氏。春秋大事表十宋、鄭、衛皆有褚師之官，左昭二鄭公孫黑「請以印爲褚師」，杜注：「褚師，市官。」則春秋時有褚師之官無疑。然廣韻褚字注云：「宋恭公子石食采於褚，其德可師，號曰褚師，因而命氏也。」此說則非。杜注謂褚師段又稱子石，此說可信，古人名段多字石，如左襄二十七鄭公孫段字石，印段亦字石，傳稱「二子石」是也。左定十經傳宋有石彄，杜注以爲褚師段子，則諸師段子以父字爲氏，而不以父官爲氏，與通志氏族略及廣韻之說異。

2103、褚師圃（昭二十）、褚師子申（昭二十）——衛

案：左昭二十「公孟惡北宮喜、褚師圃」，則褚師圃爲衛人。傳下文有「褚師子申」，不知同一人否，杜、孔未言，春秋分記世諸七謂褚師子中爲褚師圃之子，而陳氏世族譜，左傳人名地名索引及春秋經傳引得則歸爲一人，故或謂褚師圃字子申，見周秦名字解詁彙釋頁二一七。春秋大事表十以褚師爲官名。陳氏世族譜衛褚師氏下首列褚師圃。蓋以褚師爲其氏。

2104、豎牛（昭四）、牛（昭四）——魯

案：左昭四載叔孫豹召見其與庚宗婦人所生之子「未問其名，號之曰『牛』……遂使爲豎」，左昭五亦稱「其名曰牛」，則牛爲其名；因爲豎，故傳下文稱「豎牛」。豎者，杜注云：「小臣。」楊注云：「周禮天官序官內豎注云：『未冠者之官名。』段玉裁云：『豎之言孺也。』此蓋未冠爲官之義。」謂未冠爲官稱豎。

2105、竪〔豎〕柎（昭十六）——鄭

案：左昭十六「鄭大旱，使屠擊，祝款、竪柎有事於桑山」、竪，校勘記云：「石經、宋本、宋殘本、岳本，竪作豎，釋文亦作豎，是也。」會箋本亦作豎，則竪當作豎。楊注引章太炎先生春秋左傳讀卷九云「荀子宥坐云『子產誅鄧析、史付』，史付疑即豎柎。」

2106、鄧析（定九）——鄭

案：左定九「鄭駟歂殺鄧析而用其竹刑」，杜注云：「鄧析，鄭大夫。」

2107、鄧祁侯（莊六）、鄧侯（莊六）——鄧

案：左莊六「楚文王伐申，過鄧，鄧祁侯曰……鄧侯弗許」，則鄧爲國名，

鄧祁侯爲鄧國之君，杜注：「祁，諡也。」以祁爲其諡。

2108、鄧侯吾離（桓七經）、鄧侯（桓七）──鄧

案：左桓七經「鄧侯吾離來朝」，傳云：「鄧侯來朝，名，賤之也。」以吾離爲其名。

2109、鄧曼（桓十三）──楚

案：左桓十三楚武王「入告夫人鄧曼」，鄧爲曼姓之國，以母家國名冠母家姓上曰鄧曼。

2110、鄧曼（桓十一）──鄭

案：左桓十一鄭祭仲「爲公娶鄧曼」，杜注：「曼，鄧姓。」鄧曼爲鄭莊公夫人，以母家國名配母家姓曰鄧曼。

2111、鄧廖（襄三）──楚

案：左襄三楚子重伐吳「使鄧廖帥組甲三百」，則鄧廖爲楚人。

2112、鄩肸（昭二十二）──周

案：左昭二十二周「鄩肸伐皇」，杜注：「鄩肸，子朝黨。」楊注云：「說文『鄩，周邑』，京相璠土地名云『今鞏洛渡北有鄩谷水，東入洛，又有鄩城，蓋周大夫鄩肸之舊邑』。」據此，鄩肸蓋以邑爲氏。肸爲其名或字。

2113、鄩羅（昭二十三）──周

案：左昭二十三「鄩羅納諸莊宮」，杜注：「鄩羅，周大夫鄩肸之子。」則鄩，其氏也，羅爲其名或字。

2114、鄫子（僖十四經）──鄫

案：左僖十四經「季姬及鄫子遇于防」，杜注：「鄫國……」，鄫子爲鄫國之君。

2115、鄫季姬（僖十四）、季姬（僖十四經）──鄫

案：左僖十四經「季姬及鄫子遇于防，使鄫子來朝」，杜注：「季姬，魯女，鄫夫人也。」稱季姬，以行次配母家姓爲稱；稱鄫季姬者，則復冠以夫家國名。

2116、鄫鼓父（襄二十九）──魯

案：左襄二十九魯「鄫鼓父、黨叔爲一耦」，左襄六經「莒人滅鄫」，鄫鼓父不知是否爲鄫之後，而以國名爲族氏？

2117、鄭丘緩（成二）、緩（成二）──晉

案：左成二晉「鄭丘緩爲右」，左通補釋十三引萬氏氏族略云：「鄭丘，氏；緩，名，故下傳單稱緩。」以鄭丘爲其氏，緩爲其名。

2118、鄭伯突（桓十五經）、子元（隱五）、公子突（隱九）、突（桓十一經）、厲公（桓十一）、鄭伯（桓十二）、鄭厲公（桓十四）──鄭

案：左莊二十一經「鄭伯突卒」，則突爲其名，詳 0857 公宋固條。經又云「葬鄭厲公」，厲蓋其謚也。左隱五鄭「使曼伯與子元潛軍軍其後」，又稱曼伯與子元爲「鄭二公子」，左昭十一「鄭莊公城櫟而寘子元焉，使昭公不立」，則子元蓋鄭莊公之子。顧炎武左傳杜解補正云：「子元疑即厲公之字……蓋莊公在時，即以櫟爲子元之邑，如重耳之蒲、夷吾之屈，故厲公於出奔之後取之特易。」以子元爲鄭厲公之字，左隱五會箋亦云：「子元即厲公字……突，出貌，詩曰『突而弁兮』，元，首也，厲公名突，蓋取首出萬物之義，故字之曰子元。」由突與元二字相應，證元爲鄭厲公突之字，其說是也。左昭十一杜注不以子元即鄭厲公，孔疏引鄭眾之說，以子元即左桓十五之鄭大夫檀伯，皆非。

2119、鄭伯堅（成四經）、公子堅（文九）、鄭伯（宣七經）、鄭襄公（成四經）──鄭

案：左成四經「鄭伯堅卒」，則堅，其名也，詳 0857 宋公固條。經又云「葬鄭襄公」，襄蓋其謚也。

2120、鄭伯捷（僖三十二經）、鄭伯（莊二十七經）、鄭文公（僖二十三）、文公（文十七）、鄭捷（定四）──鄭

案：左僖三十二經「鄭伯捷卒」，則捷，其名也，詳 0857 宋公固條。左僖二十三稱「鄭文公」，文蓋其謚也。左定四祝佗述踐土之盟載書，稱其曰鄭捷，鄭爲其國名，亦其氏，左隱八孔疏云：「諸侯之氏，則國名是也。」

2121、鄭伯費（成六經）、鄭伯（成四經）、鄭悼公（成五）──鄭

案：左成六經「鄭伯費卒」，則費，其名也，詳 0857 宋公固條。傳云「鄭悼公卒」，悼蓋其謚也。

2122、鄭伯睔（襄二經）、成公（成七）、鄭伯（成八）、鄭成公（成十六）──鄭

案：左襄二經「鄭伯睔卒」，則睔爲其名，詳 0857 宋公固條。傳稱鄭成

公，成蓋其謚也。

2123、鄭伯髡頑（襄七經）、髡頑（成十）、大子髡頑（成十七）、鄭伯（襄
　　三經）、鄭僖公（襄七）、僖公（襄七）──鄭

　　案：左襄七經「鄭伯髡頑如會」，經多書名，髡頑蓋其名，杜注：「書名。」
亦以髡頑爲其名。傳稱鄭僖公，僖蓋其謚也。

2124、鄭伯嘉（昭十二經）、簡公（襄七）、鄭伯（襄八經）、簡（襄十九）、
　　鄭簡公（昭十二經）──鄭

　　案：左昭十二經「鄭伯嘉卒」，則嘉，其名也，詳 0857 宋公固條。經又
云「葬鄭簡公」，簡蓋其謚也。

2125、鄭伯寤生（桓十一經）、鄭伯（僖元經）、莊公（隱元）、寤生（隱
　　元）、鄭莊公（隱十）──鄭

　　案：左桓十一經「鄭伯寤生卒」，則寤生，其名也，詳 0857 宋公固條。
左隱元「莊公寤生，驚姜氏，故名曰寤生」，亦以寤生爲其名。稱莊公，莊蓋
其謚也。

2126、鄭伯寧（昭二十八經）、鄭伯（昭十二）、鄭定公（昭二十八經）
　　──鄭

　　案：左昭二十八經「鄭伯寧卒」，則寧爲其名，詳 0857 宋公固條。同經
「葬鄭定公」，定蓋其謚也。

2127、鄭伯蠆（定九經）、鄭伯（定四經）、鄭獻公（定九經）──鄭

　　案：左定九經「鄭伯蠆卒」，則蠆爲其名，詳 0857 宋公固條。經又云
「葬鄭獻公」，獻蓋其謚也。

2128、鄭伯蘭（宣三經）、公子蘭（僖三十）、鄭穆公（僖三十三）、鄭伯（文
　　二經）、穆公（宣三）、蘭（宣三）、鄭穆（昭二十八）──鄭

　　案：左宣三經「鄭伯蘭卒」，則蘭，其名也，詳 0857 宋公固條。同年傳
謂鄭文公「生穆公，名之曰蘭」，亦以蘭爲其名。稱穆公，穆蓋其謚也。

2129、鄭周父（成二）──齊

　　案：左成二「鄭周父御左車……載齊侯以免」，則鄭周父爲齊人。

2130、鄭武公（隱元）、武公（隱元）、武（宣十二）──鄭

　　案：左隱元「鄭武公娶于申」，史記鄭世家謂鄭始封君桓公爲大戎所殺，

「鄭人共立其子掘突，是爲武公」，則鄭武公爲鄭桓公之子。左宣十二「徼福於厲、宣、桓、武」，武亦指鄭武公，武或其謚也。

2131、鄭姬（昭八）──陳

案：左昭八「陳哀公元妃鄭姬生悼大子偃師」，則鄭姬爲陳哀公夫人，鄭爲姬姓之國，以母家國名配母家姓，故稱鄭姬。

2132、鄭姬（僖十七）──齊

案：左僖十七齊桓公內嬖「鄭姬生孝公」，稱鄭姬者，以母家國名冠母家姓上也。

2133、鄭勝（哀二）、鄭伯（哀十五經）──鄭

案：左哀二載「衛大子禱曰『曾孫蒯聵敢昭告皇祖文王、烈祖康叔、文祖襄公：鄭勝亂從，晉午在難……』」，於神前當稱名，午爲晉定公之名，勝當鄭君之名，杜注：「勝，鄭聲公名。」是也。

2134、鄭翩（昭二十一）──宋

案：左昭二十一「遂與子皮、臼任、鄭翩殺多僚」，杜注：「翩，亦貙家臣。」謂鄭翩爲宋華貙之家臣，杜注單稱翩，蓋以鄭爲其氏也。

2135、鄭羅（哀九）──鄭

案：左哀九「宋取鄭師子雍丘，使有能者無死，以邾張與鄭羅歸」，據傳，則鄭羅爲鄭人。左通補釋三十一引萬氏氏族略云：「在本國未有以國氏者，鄭羅蓋從其在宋而稱之也。」則羅爲其名或字，鄭爲其國名，亦即其氏也。

2136、銳司徒（成二）──齊

案：左成二「銳司徒免乎」，杜注：「銳司徒，主銳兵者。」春秋大事表十以銳司徒爲齊官名，楊注云：「銳是古代矛類兵器，尚書顧命『一人冕執銳』，銳司徒或是主管此種兵器之官。」亦以銳司徒爲官名。傳載齊女子以其父之官名銳司徒稱其父。

2137、閭丘明（哀八）──齊

案：左哀八「齊閭丘明來涖盟」，杜注：「明，閭丘嬰之子也。」則閭丘明之閭丘爲其氏，參2139閭丘嬰條，明爲其名或字。

2138、閭丘息（哀二十一）──齊

案：左哀二十一載「齊閭丘息曰……」，杜注：「息，閭丘明之後。」則閭丘，其氏也，息爲其名或字。

2139、閭丘嬰（襄二十五）──齊

案：左襄二十五齊「閭丘嬰以惟縛其妻而載之」，杜注謂閭丘嬰爲齊莊公近臣。春秋分記世譜二以閭丘嬰、閭丘明、閭丘息爲齊閭丘氏，陳氏世族譜同。通志氏族略第三云：「閭丘氏……邾國有閭丘……本邾地，爲齊所并，往往閭丘氏食邑於此，故以命氏。」以閭丘氏爲以邑爲氏者也。左通補釋十八云：「案二十一年邾庶其以漆閭丘奔魯，亦當爲魯邑，或齊別有閭丘。」謂邾之閭丘後當爲魯邑，齊或別有閭丘，齊閭丘氏蓋非食邑於邾閭丘也。

2140、隤敳（文十八）

案：左文十八謂高陽氏有才子八人，此爲其一。

2141、鞏成（襄三十）──周

案：左襄三十「尹言多、劉毅、單蔑、甘過、鞏成殺佞夫」，杜注：「五子，周大夫。」會箋云：「劉、單、甘、鞏，皆采地名。」據其說，則鞏成以采邑爲氏也。左定二有鞏簡公，以鞏爲氏，參2143。

2142、鞏朔（文十七）、鞏伯（成二）、士莊伯（成二）──晉

案：左成二「晉侯使鞏朔獻捷于周」，則鞏朔爲晉大夫。傳又稱鞏伯，則鞏爲其氏，伯蓋其行次。傳又稱士莊伯，莊當是其謚也。

2143、鞏簡公（昭二十二）、簡公（定二）──周

案：左昭二十二「鞏簡公敗績于京」，杜注謂鞏簡公爲「周卿士」，左定二謂之簡公，云「鞏氏之群子弟賊簡公」，傳稱鞏氏，則鞏，其氏也。簡蓋其謚。

2144、養由基（宣十二）、養叔（襄十三）──楚

案：左宣十二楚「養由基爲右」，左襄十三謂之養叔，則養爲其氏。戰國策卷二「養由基」，注云：「養，姓；由基，名。」以養爲其姓，由基爲其名。左通補釋十二謂「昭三十年楚逆吳公子使居養，疑由基即食邑于此，故以邑爲氏。」以楚有養邑，謂養由基蓋食邑於此，故以邑爲氏，其說可從。左通補釋又云：「襄十三年稱養叔，即其字。」謂叔爲其字，叔蓋其行次也。

2145、養甥（桓九）──鄧

案：左莊六鄧「騅甥、聃甥、養甥請殺楚子」，杜注：「皆鄧甥仕於舅氏也。」若杜說是，則養甥與狐偃之稱舅犯同，名號中有親屬之稱謂也。參2317騅甥條。

2146、駟乞（昭十九）、子瑕（昭十九）——鄭

案：左昭十九「鄭駟偃卒……其父兄立子瑕」，杜注謂子瑕即駟偃「叔父駟乞」，同傳亦稱駟乞。駟偃之父曰駟帶，駟帶以王父公子騑之字「駟」爲氏，見 2150 駟帶條，則駟乞亦以王父字「駟」爲氏也。解詁云：「鄭駟乞、字子瑕。」以乞爲其名，子瑕爲其字。

2147、駟弘（哀七經）、子般（哀二）、駟（哀二）、般（哀二）——鄭

案：左哀二「鄭子姚、子般送之」，杜注：「子姚，罕達；子般，駟弘。」傳續載陽虎稱其曰「罕、駟」，罕即罕達之氏，即駟亦駟弘之氏也。春秋分記世譜七謂駟弘爲駟歂之子，亦以駟爲駟弘之氏。左哀七經「鄭駟弘帥師救曹」，經多書名，則弘蓋其名也。杜氏世族譜以駟弘（琛案：原文作宏）、子般、子思爲一人，左傳人物名號中，唯有一子思，思爲國參之字，見 1468 國參條，周法高謂「鄭駟弘，字子般」，並以名字相應之理證其說，云：「宏、般皆大也，爾雅『弘，大也』，廣雅『般，大也』，王念孫疏證曰『方言：般，大也，郭璞音般桓之般……』」，謂弘、般皆大也，二字相應，可證駟弘名弘，字子般，見周秦名字解詁彙釋頁二〇二，其說是也。然則杜氏世族譜謂駟弘又稱子思者，未知思爲駟弘另一字歟？抑杜氏之誤歟？左哀二「姚、般、公孫林殿而射」，姚、般指同傳前文之子姚、子般，則稱般，單稱其字也。

2148、駟秦（哀五）——鄭

案：左哀五「鄭駟秦富而侈」，杜氏世族譜鄭駟氏下有「駟泰」，蓋駟秦之誤。春秋分記世譜四、陳氏世族譜、春秋大事表十二下皆列駟秦於鄭駟氏下，以駟爲其氏。

2149、駟偃（昭十九）、子游（昭十六）、偃（昭十九）——鄭

案：左昭十六「子游賦風雨」，杜注：「子游，駟帶之子駟偃也。」則駟，其氏也。左昭十九子產對晉之使者曰「今又喪我先大夫偃」，駟偃之輩份低子產二輩，則子產當呼其名，然則偃，其名也。解詁：「鄭……駟偃，字子游。」謂偃爲其名，子游爲其字。

2150、駟帶（襄三十）、子上（襄三十）、帶（昭七）——鄭

案：左襄三十「駟帶率國人以伐之」，杜注：「駟帶，子西之子。」子西爲公子騑之子，公子騑字駟，則駟帶以王父字「駟」爲氏也。左襄三十「與子上盟」，杜注：「子上，駟帶也。」解詁云：「鄭駟帶，字子上。」以帶爲其

名，子上爲其字。

2151、駟歂（定八）、子然（定九）——鄭

案：左定八「鄭駟歂嗣子大叔爲政」，杜注：「歂，駟乞子，子然也。」謂駟歂爲駟乞子，則駟，其氏也。左定九稱其曰「子然」，解詁云：「鄭駟歂，字子然。」以歂爲其名，子然爲其字。

2152、魯文公（昭三十二）、文公（文十八經）——魯

案：左文十八經「葬我君文公」，此魯文公也，文蓋其謚。

2153、魯申（定四）、僖公（閔二）、僖（閔二）——魯

案：左閔二「成季以僖公適邾」，杜注：「僖公，閔公庶兄。」此魯僖公，僖當是其謚。左定四衛祝佗述踐土之盟載書曰「晉重、魯申、衛午、蔡甲午……」稱魯僖公曰魯申，則申爲其名，參 1574 莒期條。

2154、魴（昭十七）、司馬子魚（昭十七）、子魚（昭十七）——楚

案：左昭十七「司馬子魚曰」，杜注：「子魚，公子魴也。」傳載魴曰「魴也……」，自稱魴，則魴，其名也。解詁云：「楚公子魴，字子魚。」以魴爲其名，子魚爲其字。傳又載令尹卜戰不吉，司馬子魚曰「楚故，司馬令龜，我請改卜」，謂楚之慣例，由司馬令龜，以其爲司馬，故請由其改卜。然則司馬，其官也。

2155、魴假（昭二十五）——魯

案：左昭二十五「郈魴假使爲賈正焉」，杜注：「魴假，郈邑大夫。」謂魴假爲魯郈邑大夫。則魴假爲魯人。

2156、黎侯（宣十五）——黎

案：左宣十五晉侯「立黎侯而還」，黎侯爲黎國之君。

十六畫

2157、嬖叔（昭九）——晉

案：左昭九晉屠蒯「又飲外嬖嬖叔」，杜注：「外都大夫之嬖者。」孔疏云：「此言外嬖嬖叔，即李調是也。禮記云『調也，君之褻臣也……』」謂嬖叔即禮記檀弓下杜蕢所飲之李調。會箋云：「俞樾曰：外嬖嬖叔當作外嬖女叔，因涉上嬖字而誤加嬖於女上耳。昭五年晉侯謂女叔齊曰『魯侯不亦善於禮乎』，殆即其人也。上文酌以飲工，謂師曠，此飲外嬖女叔，謂女叔齊，二人在當時亦頗著賢名，故師曠論衛人出君，女叔齊謂魯侯爲知禮，左氏皆

有取其言，載之於傳，非碌碌者，故屠蒯責之，檀弓載其事，則作李調。竊謂李也、女叔也，皆其氏，齊與調則一名一字，齊，同也，調，和也，和與同義正相應，因女叔誤作嬖叔，遂不知爲何人矣。」謂嬖叔爲女叔之誤，女叔即女叔齊，亦即檀弓之李調，齊與調爲其名與字，此蓋推測之說。左莊二十八晉有外嬖東關嬖五，亦以嬖某爲稱，則此外嬖嬖叔未必爲女叔之誤，且女叔齊名齊字侯，參 0069 女叔齊條，蓋不以調爲其名或字。又楊注亦謂孔疏等以「嬖叔即李調，似牽強。」其稱嬖叔者，以其爲晉君之嬖者，故以「嬖」字配行次爲稱歟？東關嬖五之「嬖五」，蓋亦以「嬖」字配名稱之也。

2158、懲（哀十一）——晉

案：左哀十一「晉悼公子懲亡在衛」，則懲爲晉悼公之子。

2159、澹臺子羽（哀八）——魯

案：左哀八「澹臺子羽之父好焉」，杜注：「澹臺子羽，武城人，孔子弟子也。」史記仲尼弟子列傳云：「澹臺滅明，武城人，字子羽。」以子羽爲其字。集解引包氏曰：「澹臺，姓；滅明，名。」以澹臺爲其氏，滅明爲其名。

2160、燕仲父（莊二十）——南燕

案：左莊二十「鄭伯和王室，不克，執燕仲父」，杜注：「燕仲父，南燕伯，爲伐周故。」孔疏引杜氏世族譜云：「南燕，伯爵。」引服虔之說同。

2161、燕姞（宣三）——鄭

案：左宣三「鄭文公有賤妾曰燕姞」，杜注：「姞，南燕姓。」南燕國左氏經傳止稱燕，稱燕姞者，以母家國名配母家姓爲稱也。同傳載鄭石癸曰「姬，姞耦」，姬指鄭文公之姓，姞則指燕姞之姓也。

2162、燕姬（昭七）——齊

案：左昭六經「齊侯伐北燕」；左昭七經「暨齊平」，杜注：「燕與齊平。前年冬齊伐燕，間無異事，故不重言燕從可知。」謂此二經所載之事相連。傳云「燕人行成……燕人歸燕姬」，杜注：「嫁女與齊侯。」謂燕人行成，而嫁女與齊侯。北燕女稱燕姬者，春秋時婦女繫姓，則姬爲其母家姓，亦即北燕爲姬姓之國也。經稱北燕而傳止稱燕，燕當是其本稱，則燕姬之燕，其母家國名也。

2163、盧蒲姜（襄二十八）、姜（襄二十八）——齊

　　案：左襄二十八「盧蒲姜謂癸曰」，杜注：「姜，癸妻，慶舍女。」謂盧
蒲姜爲盧蒲癸之妻，慶舍之女。通志氏族略第三謂齊慶氏「姜姓，齊桓公之
子公子無虧之後」；慶舍即齊慶氏者，其姓爲姜，故其女盧蒲姜即繫母家姓
「姜」，盧蒲則爲夫氏也。

2164、盧蒲癸（襄二十三）、癸（襄二十八）——齊

　　案：左襄二十三「盧蒲癸爲右」，盧蒲癸爲齊人，盧蒲爲其氏，參 2165
盧蒲就魁條。

2165、盧蒲就魁（成二）——齊

　　案：左成二齊「頃公之嬖人盧蒲就魁門焉」，通志氏族略第五云：「盧蒲
氏，姜姓，齊桓公之後，左傳齊有盧蒲就魁、盧蒲癸、盧蒲嫳。」以盧蒲爲
複氏。春秋分記世譜二、陳氏世族譜齊盧蒲氏下亦列盧蒲就魁、盧蒲癸、盧
蒲嫳，以盧蒲爲其氏。就魁蓋其名也。

2166、盧蒲嫳（襄二十七）、嫳（襄二十七）——齊

　　案：左襄二十七齊慶封「告盧蒲嫳」，盧蒲嫳爲齊人，盧蒲爲其氏，詳 2165
盧蒲就魁條。同傳稱嫳，嫳蓋其名也。

2167、穆王（昭十二）、穆（昭四）——周

　　案：左昭十二「昔穆王欲肆其心」，杜注謂穆王即周穆王，穆爲其生號，
而非謚，詳頁三四。

2168、穆孟姬（昭十）——齊

　　案：左昭十齊「穆孟姬爲之請高唐」，杜注：「穆孟姬，景公母。」左
襄二十五謂叔孫還納叔孫僑如之女於齊靈公，「嬖，生景公」，則穆孟姬爲
魯叔孫僑如之女，姬爲其母家姓，其稱穆，與夫異謚，蓋其謚也，孟則其
行次。

2169、穆姜（成九）、姜（宣元經）、夫人姜氏（襄九經）、姜氏（襄九）
　　　——魯

　　案：左宣元經「遂以夫人婦姜至自齊」，此魯宣公之夫人，因其爲齊女，
故以母家姓稱，曰姜。左成九稱穆姜，穆蓋其謚也。

2170、穆嬴（文七）——晉

　　案：左文七「穆嬴日抱大子以啼于朝」，杜注：「穆嬴，襄公夫人。」謂

穆嬴爲晉襄公夫人。春秋婦女繫姓，嬴爲其母家姓，穆則其謚也。

2171、翰胡（昭二十一）──曹

案：左昭二十一「曹翰胡會晉荀吳、齊苑何忌、衛公子朝救宋」，杜注翰胡云：「曹大夫。」

2172、蔿呂臣（僖二十八）、叔伯（僖二十三）──楚

案：左僖二十三「叔伯曰」，杜注：「叔伯，楚大夫蔿呂臣也。」左僖二十八作「蔿呂臣」，云「蔿呂臣實爲令尹」，蔿爲其氏，左傳蔿氏或作薳氏，如蔿子馮又作薳子馮，見 2298 薳章條。解詁：「楚薳呂臣，字叔伯。」以呂臣爲其名，叔伯爲其字，王氏、俞樾、胡元玉皆不以「叔伯」之伯爲伯仲叔季之伯，而讀爲他字，詳解詁、春秋名字解詁補義及駁春秋名字解詁。

2173、蔿國（莊十六）、子國（莊十六）──周

案：左莊十六「蔿國請而免之，既而弗報，故子國作亂」，則蔿國即子國，杜注：「蔿國，周大夫也。」蔿國又稱子國，蔿蓋其氏，國爲其名或字。左傳人物名號中，「子」字可配名、配字爲稱，詳上篇第二章。

2174、蔿敖（宣十二）、令尹孫叔敖（宣十二）、孫叔（宣十二）──楚

案：左宣十二「蔿敖爲宰」，杜注：「宰，令尹；蔿敖，孫叔敖。」其說是，下文即稱令尹孫叔敖，又稱孫叔，是蔿敖、孫叔、令尹孫叔敖爲一人可知也。呂氏春秋情欲篇高注謂「孫叔敖，楚令尹，遠賈之子也」，遠當作薳，薳爲字通，參 2298 薳章條，則高注遠賈即左傳之蔿賈，孫叔敖又稱蔿敖，其父蔿賈，則蔿，其氏也。左宣十一「令尹蔿艾獵城沂」，杜注：「艾獵，孫叔敖也。」謂孫叔敖又稱蔿艾獵，孔疏引服虔云：「艾獵，蔿賈之子孫叔敖也。」則服、杜皆以蔿艾獵即孫叔敖，孔疏云：「此年云令尹蔿艾獵，明年云令尹孫叔敖，明一人也。」解詁據此云：「楚蔿艾獵，字叔敖。」以艾獵爲其名，叔敖爲其字。然孔疏又云：「世本：艾獵爲叔敖之兄。」則世本之說與服、杜、孔皆不同，孫星衍問字堂集孫叔敖名字考以世本爲是，云：「蔿賈蓋有二子，一蔿艾獵，一蔿敖，字孫叔，敖既稱叔，宜尚有兄矣。」並云：「蔿敖，字孫叔，古人名與字配，孫當讀爲遜，與敖相輔也。」由古人名字相配之理，證敖爲其名，孫叔爲其字。傳稱孫叔敖者，孫氏云：「加字于名上，猶稱孔父嘉之例。」傳凡兩稱孫叔，孫星衍云：「可證孫叔爲敖之字。」今從其說，以蔿敖與令尹蔿艾獵爲二人，然則傳稱蔿敖，以氏配名也，稱孫叔，以字配行次也。

2175、蔿賈（僖二十七）、伯嬴（宣四）──楚

　　案：左僖二十七「蔿賈尚幼」，杜注：「蔿賈，伯嬴，孫叔敖之父。」新唐書宰相世系表謂蔿賈爲蔿呂臣之孫，蔿章之曾孫；陳氏世族譜及春秋大事表十二下皆列蔿賈於楚蔿氏下，以蔿爲其氏。左宣四「圍伯嬴於轑陽而殺之」，杜注：「伯嬴，蔿賈也。」解詁：「楚蔿賈，字伯嬴。」以賈爲其名，伯嬴爲其字。

2176、蕩伯姬（僖二十五經）──宋

　　案：左僖二十五經「宋蕩伯姬來逆婦」，杜注：「伯姬，魯女，爲宋大夫蕩氏妻也。」蕩伯姬之蕩蓋其夫家氏，詳頁二一，伯爲其行次，姬則其母家姓也。

2177、蕩侯（昭十二）──楚

　　案：左昭十二楚子「使蕩侯、潘子、司馬督、囂尹午、陵尹喜帥師圍徐」，杜注：「五子，楚大夫。」

2178、蕩虺（文十六）──宋

　　案：左文十六「而使蕩虺爲司馬」，杜注：「虺，意諸弟。」謂蕩虺爲蕩意諸之弟，則蕩、其氏也。

2179、蕩澤（成十五）、山（成十五經）、子山（成十五）──宋

　　案：左成十五「蕩澤爲司馬」，杜注：「蕩澤，公孫壽之孫。」孔疏引世本云：「公孫壽生大司馬虺，虺生司馬澤也。」虺即蕩虺，以蕩爲氏，蕩澤爲蕩虺子，則蕩亦其氏也。傳又謂「蕩澤弱公室，殺公子肥……公孫師帥國人攻蕩氏，殺子山」，稱之曰「子山」者，解詁云：「宋蕩澤，字子山。」以澤爲其名，子山爲其字。春秋時人名字釋云：「蕩澤，字子山，以山澤相配爲名字。」說文通訓定聲澤字下亦云：「宋蕩澤、字子山。」皆以澤爲名，子山爲其字，春秋毛氏傳同。然春秋經多書名，此年春秋經云「宋殺其大夫山」，依前述諸家之說，則經書其字矣。又傳云「書曰『宋殺大夫山』，言背其族也」，杜注云：「去族以示其罪。」然而春秋既罪之，又何以書其字，春秋毛氏傳亦謂徐仲山日記以此經有五疑，其二疑爲：「蕩澤去氏而稱字，予耶？否耶？」然則以山爲字，以澤爲名之說或有待商榷。楊注則謂：「其人名山，宋世家作『唐山』，唐、蕩音近通假。」以山爲其名，則以澤爲其字。左傳人物名號中，有以氏配字，亦有以「子」配名者，未必傳稱子某，某皆

爲字，亦未必以氏連某字，某皆爲名，詳上篇第二章。若以澤爲其字，山爲其名，雖傳稱蕩澤、子山，亦不違左傳人物名號之通例，且無春秋罪之而書字之疑，故或山爲其名，澤爲其字歟？

2180、蕭同叔子（成二）——齊

案：左成二齊賓媵人告晉曰：「蕭同叔子非他，寡君之母也」，則蕭同叔子乃齊頃公之母，公羊作蕭同姪子，史記齊太公世家作蕭桐叔子，晉世家作蕭桐姪子。杜注云：「同叔，蕭君之字，齊侯外祖父，子、女也，難斥言其母，故遠言之。」會箋云：「蕭君稱叔，故稱某叔也。」此猶言蕭君同叔之子也。公羊成二何注云：「蕭同，國名，姪子者，蕭同君姪娣之子嫁於齊，生頃公。」此猶言蕭同君姪娣之子也。史記晉世家會注考證云：「孫貽讓曰：蕭同即蕭桐，依何說，自是國名，爲宋之附庸，古女字繫姓爲稱，則叔子蓋齊侯母字，子即宋姓，叔其行第。」此以蕭同爲國名，叔爲其行次，子爲其母家姓也。陳槃疑蕭、桐爲二地，以累氏之故，故曰蕭桐，如衛康、齊呂之例也。參春秋大事表列國爵姓及存滅表譔異冊三，未知其說然否。

2181、蕭叔（莊二十三經）——蕭

案：左莊二十三經「蕭叔朝公」，杜注：「蕭、附庸國，叔、名。」依左莊十二孔疏，此即宋蕭叔大心，參 2182 蕭叔大心條，而毛奇齡春秋毛氏傳則以爲「當是附庸之國之近楚者」，今暫分二條，杜注以叔爲其名，會箋駁云：「以叔繫國，與蔡叔、許叔一例……以行次稱。」謂叔爲其行次，是也。

2182、蕭叔大心（莊十二）——宋

案：左莊十二謂「蕭叔大心」討伐南宮牛，杜注：「叔，蕭大夫名。」蕭爲宋邑，見同年傳杜注，杜以蕭叔大心爲宋蕭邑之大夫，是也，又謂其名爲叔，孔疏釋之云：「以此年有功，宋人以蕭邑別封其人爲附庸，二十三年經書蕭叔朝公，附庸例稱名，故杜以叔爲名，」若以叔爲其名，則誠不知大心爲何？此以例說古人名字，蓋誤。會箋云：「蕭叔乃祭仲之類，大心，其名也。」以大心爲其名，叔爲其行次，與祭仲稱祭仲足同例，是也。

2183、衛共姬（僖十七）、長衛姬（僖十七）——齊

案：左僖十七謂齊桓公內嬖「長衛姬生武孟，少衛姬生惠公，鄭姬生孝公……雍巫有寵於衛共姬」，其稱長衛姬者，楊注云：「衛姬有二，故分長、少。」長衛姬當是衛女，衛、姬姓，故以母家國名冠於母家姓上，稱衛姬，

猶下文之稱鄭姬也。因衛女有二，此爲長，故稱長衛姬。傳下文稱「衛共姬」者，共蓋其謚也。齊桓公有二共姬，左莊十一「齊侯來逆共姬」，此共姬爲周女，會箋云：「僖十七年稱長衛姬曰衛共姬，二姬同謚故也。」謂長衛姬與王姬皆謚共，王姬既稱共姬，故長衛姬於共姬上冠母家國名衛字以別之。

2184、衛州吁（隱四經）、公子州吁（隱三）、州吁（隱三）——衛

案：左隱三「公子州吁，嬖人之子也」，謂公子州吁爲衛莊公嬖人之子。左隱四經「衛州吁弒其君完」，經多書名，州吁當是其名。

2185、衛侯元（哀二經）、元（昭七）、靈公（昭七）、衛侯（昭十二）、衛靈公（哀二經）——衛

案：左哀二經「衛侯元卒」，則元爲其名，詳 0857 宋公固條。左昭七「婤姶生子，名之曰元」，亦謂元爲其名。左哀二經「葬衛靈公」，靈當是其謚也。

2186、衛侯衎（襄二十六經）、衎（成十四）、衛侯（成十五經）、衛獻公（襄十四）、獻公（襄二十六）——衛

案：左襄二十九經「衛侯衎卒」，則衎爲其名，詳 0857 宋公固條。經又云「葬衛獻公」，獻蓋其謚也。

2187、衛侯晉（桓十二經）、晉（隱四經）、公子晉（隱四）、宣公（隱四）、衛侯（隱八經）、衛宣公（桓十三經）——衛

案：左桓十二經「衛侯晉卒」，則晉爲其名，詳 0857 宋公固條，左桓十三經「葬衛宣公」，宣蓋其謚也。

2188、衛侯朔（桓十六經）、衛侯（桓十三經）、朔（桓十六）、公子朔（桓十六）、惠公（桓十六）——衛

案：左桓十六衛宣公「生壽及朔」，則朔爲衛宣公之子，同傳稱惠公，惠蓋其謚也。左莊二十五經書「衛侯朔卒」，則朔爲其名，詳 0857 宋公固條。

2189、衛侯速（成二經）、衛侯（宣十七經）、衛穆公（成二）——衛

案：左成二經「衛侯速卒」，則速爲其名，詳 0857 宋公固條。傳稱「衛穆公卒」，穆蓋其謚也。

2190、衛侯惡（昭七經）、衛襄公（襄三十一）、衛侯（襄三十一）、襄公（昭七）——衛

案：左昭七經「衛侯惡卒」，則惡爲其名，詳 0857 宋公固條。經又云「葬衛襄公」，襄蓋其謚也。

2191、衛侯臧（成十四經）、世子臧（宣十八經）、大子臧（宣十八）、衛
　　　侯（成三經）、衛定公（成七）、定公（成十四）、定（定四）──衛

　　　案：左成十四經「衛侯臧卒」，則臧、其名也，詳 0857 宋公固條。左成
十五經「葬衛定公」，定蓋其謚也。

2192、衛侯輒（哀十五）、輒（哀二）、衛侯（哀十二經）、衛出公（哀二十
　　　六）──衛

　　　案：左哀二衛公子郢對衛靈公夫人曰「且亡人之子輒在」，杜注：「輒，
蒯聵之子出公也，靈公適孫。」輒蓋其名。左哀二十六稱其爲衛出公；孟子
有衛孝公，萬章下云「孔子有見行可之仕，有際可之仕，有公養之仕，於季
桓子，見行可之仕也，於衛靈公，際可之仕也，於衛孝公，公養之仕也」，朱
注曰：「孝公，春秋、史記皆無之，疑出公輒也。」謂衛孝公蓋即衛出公輒，
據此，則孝當是輒之謚。其稱衛出公者，出當是號，以其於哀十五年出奔，
哀十八年復入衛，而又於哀二十五年出奔，遂卒於越，故稱出公，猶魯哀公
孫於越，漢書古今人表稱出公，魯文公夫人大歸於齊，傳稱出姜，參 0531 出
姜條。

2193、衛侯鄭（僖三十經）、衛子（僖二十五經）、衛侯（僖二十八經）、衛
　　　成公（僖三十一）、成公（襄九）、成（定六）──衛

　　　案：左宣九經「衛侯鄭卒」，則鄭爲其名，詳 0857 宋公固條。左僖三十
一稱衛成公，成蓋其謚也。左僖二十五經稱衛子，云「公會衛子、莒慶盟于
洮」，以其父衛侯燬卒未逾年，故稱衛子，詳頁四六。

2194、衛侯燬（僖二十五經）、文公（閔二）、衛文公（閔二）、衛侯（僖四
　　　經）、燬（僖十八）、文（定六）──衛

　　　案：左僖二十五經「衛侯燬卒」，則燬爲其名，詳 0857 宋公固條。左僖
十八衛侯燬曰：「燬請從焉」，自稱燬，亦可證燬爲其名。左僖二十五經「葬
衛文公」，文蓋其謚也。

2195、衛姬（昭十三）──齊

　　　案：左昭十三「齊桓、衛姬之子也」，杜注：「衛姬，齊僖公妾」，衛爲姬
姓之國，衛姬當是衛女，故以母家國名冠母家姓上，稱衛姬也。

2196、衛康叔（襄二十九）、康叔（僖三十一）──衛

　　　案：左襄二十九「吾聞衛康叔、武公三德如是」，史記衛康叔世家謂衛康

叔爲周武王同母弟，名封。稱康叔者，尚書康誥僞孔傳云：「康，圻內國名。」
孔疏云：「馬、王亦然，惟鄭玄以康爲謚號。」周初尚未有謚，鄭玄之說非。
康本國名，武王弟如管叔、蔡叔、曹叔、成叔、霍叔、冄季等，其管、蔡、
曹、成、霍、冄皆其國名，見史記管蔡世家，則康叔之康亦然。白虎通姓名
篇亦謂康爲康叔之采，康叔原封於康，是以其子亦稱康，曰康伯，見衛康叔
世家。其稱衛康叔者，衛康叔世家索隱引宋忠曰「康叔從康徙封衛」，則康叔
受封於衛，故又以衛爲國名。稱衛康叔者，與稱宋微子類似。正義云：「衛城
在衛州衛縣西二十里，本朝歌邑，殷都也……故康城在洛州陽翟縣西北三十
里，洛陽記云『是少康之故邑』。」康叔之叔則其行次也。詳頁三三。

2197、衛莊公（隱三）──衛

案：左隱三「衛莊公娶于齊東宮得臣之妹」，據傳，衛莊公爲衛桓公之父，
莊或其謚也。

2198、衛賜（哀十一）、子貢（定十五）、賜（定十五）、子贛（哀十五）
　　　──衛

案：左哀十一「衛賜進」，杜注：「賜，子貢，孔子弟子。」史記仲尼弟
子列傳：「端木賜，衛人，字子貢。」當以端木爲其氏，賜爲其名，子貢爲其
字。左定十五載仲尼曰：「賜不幸言而中」，仲尼必稱弟子名，是賜爲其名也。
其稱衛賜者，左哀十一孔疏云：「子貢衛人，故稱衛賜。」左傳人物名號中，
有國君之子孫在他國，以國名冠名上者，如鄭丹、楚建、郠甲是也，皆與公
室有關，而子貢亦以國名冠名上，其亦與公室有關歟？史記商君列傳「商君
者，衛之諸庶孽子也」，則亦以衛之子孫，故在秦曰衛鞅；史記老子韓非列傳
「韓非者，韓之諸公子也」，則其稱韓非，蓋亦以韓之諸公子在秦之故也。史
記謂賜字子貢，然左傳哀十二前作子貢，哀十五後稱子贛，漢石經論語作子
贛，今本論語作子貢，禮記唯樂記祭義稱子贛，餘作子貢，說文云：「贛，賜
也。」此上與下也，「貢，獻也」，此下奉上也，二字不同，以古人名字多同
訓觀之，名賜、字子贛爲是，然古人名字亦有對文之例，則賜字子貢亦是。
十駕齋養新錄卷二云「說文：贛、賜也，貢、獻也。兩字音同義別，子貢名
賜，字當從贛。」僅就一端立說。又爾雅釋詁上云：「貢，賜也。」則名賜字
貢，義亦相協。端木賜蓋字貢或贛，以音同通用，而爲二字歟？稱子貢或子
贛者，子爲字上所冠男子美稱之詞。

2199、衛懿公（閔二）、衛侯（閔二）──衛

案：左閔二「衛懿公好鶴」，衛懿公爲衛君，懿蓋其謚也。

2200、諸兒（莊八經）、齊侯（桓十五經）、齊襄公（莊九經）──齊

案：左莊八經「齊無知弒其君諸兒」，經多書名，諸兒蓋其名也。左莊九經「葬齊襄公」，襄蓋其謚也。

2201、諸御鞅（哀十四）、鞅（哀十四）──齊

案：左哀十四「諸御鞅言於公曰」，杜注：「鞅，齊大夫。」史記齊太公世家稱御鞅，索隱曰：「鞅、名也，爲僕御之官，故曰御鞅，亦田氏之族。按系本『陳桓子無宇產子亹，亹產子獻，獻產鞅也』。」謂鞅即世本所載陳無宇之曾孫鞅，因爲僕御之官，故以御配名稱御鞅。楊注云：「鞅蓋一般僕御之官，故曰諸御。」同傳齊簡公與其曰鞅，則鞅當是其名也。

2202、諸鞅（哀二十三）──越

案：左哀二十三「越諸鞅來聘」，則諸鞅爲越人。

2203、賴子（昭四）──賴

案：左昭四「楚子……以諸侯滅賴，賴子面縛銜璧」，則賴爲國名，賴子爲其君。

2204、閻沒（昭二十八）──晉

案：左昭二十八載「閻沒、女寬」諫魏獻子受賄事，國語晉語九載此事亦稱閻沒，又載魏獻子家人稱之曰「閻明」，韋注謂閻沒即閻明，解詁：「晉閻沒，字明。」並釋云：「沒與昧古字通……昧訓爲暗，故字明，取相反之意。」

2205、閻敖（莊十八）──楚

案：左莊十八「使閻敖尹之」，杜注：「閻敖，楚大夫。」

2206、閻嘉（昭九）──晉

案：左昭九「周甘人與晉閻嘉爭閻田」，杜注：「閻嘉，晉閻縣大夫。」傳稱閻田，又稱閻嘉，閻嘉蓋以地「閻」爲氏，孔疏謂其名嘉。

2207、閻職（文十八）、職（文十八）──齊

案：左文十八「齊懿公……納閻職之妻，而使職驂乘」，既稱閻職，又稱職，閻或其氏，職蓋其名也。

2208、閼伯（襄九）

案：左昭元「昔高辛氏有二子，伯曰閼伯，季曰實沈」，謂閼伯爲高辛氏

之子。

2209、隨侯（桓六）──隨

案：左桓六「楚武王侵隨……隨侯將許之」，杜注：「隨，國。」則隨侯爲隨國之君。

2210、隨侯（哀元經）──隨

案：左哀元經「楚子、陳侯、隨侯、許男圍蔡」，隨爲國名，隨侯爲隨國之君，左桓六亦有隨侯，與此爲二人。

2211、頭須（僖二十四）──晉

案：左僖二十四「晉侯之豎頭須，守藏者也」，杜注：「頭須，一曰里鳧須。」韓詩外傳十作里鳧須、鳧須，新序雜事第五亦作里鳧須、鳧須，云「里鳧須，晉公子重耳之守府者也……鳧須曰『得罪於君者，莫大於鳧須矣』」，據新序，里鳧須自稱鳧須，則鳧須爲其名，又冠以里字，曰里鳧須，里蓋其氏也。

2212、頵（文元經）、成王（莊十四）、楚子（僖四）、楚王（僖二十二）、
　　　成（文元）──楚

案：左文元經「楚世子商臣弒其君頵」，則頵爲其名，楊注云：「今傳世有楚王頵鐘，銘曰『楚王頵自作鈴鐘』，則頵乃其名之本字。」頵，公、穀作「髡」，春秋異文箋云：「公、穀作髡，聲之譌。」漢書古今人表稱「楚成王惲」，作「惲」，史記楚世家亦作「惲」，又稱「熊惲」，依楊注所引楚王頵鐘銘文，則惲當是頵之假借字。史記惲上冠以熊字稱熊惲者，楚王之名多冠以熊字，詳1801楚子居條。左文元傳載楚成王自縊，「謚之曰『靈』，不瞑，曰『成』，乃瞑」，明謂成爲其謚。

2213、頹叔（僖二十四）──周

案：左僖二十四「使頹叔、桃子出狄師」，杜注：「二子，周大夫。」謂頹叔、桃子爲二人，皆周大夫。會箋云：「必是一人，頹、族或邑，叔、行，周有仍叔、榮叔，桃子名若字，周有王札子、老陽子，可以證矣。」謂頹叔桃子爲一人，頹爲其族或邑，叔爲其行次，桃子爲其名或字，與杜注異，蓋見傳三載頹叔桃子皆連稱，故以爲一人。傳有以名或字配「子」爲稱，然實未嘗見其上復冠以氏及行次者，故今依杜注以爲二人。

2214、鮑叔牙（莊八）、鮑叔（莊九）──齊

案：左莊八「鮑叔牙曰」，左莊九稱「鮑叔」，國語齊語亦稱鮑叔，又稱鮑子，則鮑、其氏也。韋注云：「鮑叔，齊大夫，姒姓之後，鮑敬叔之子叔牙也。」亦以鮑爲其氏。傳稱鮑叔，叔、蓋其行次，牙則其名歟？

2215、鮑牧（哀六）、鮑子（哀六）──齊

案：左哀六「陳乞、鮑牧……」，杜注：「牧，鮑國孫。」（琛案：阮刻本國作圉，據會箋本訂正）則鮑、其氏，牧則其名或字。同傳稱鮑子，以氏配男子美稱「子」字，此春秋時卿大夫稱謂之通例。

2216、鮑癸（宣十二）──晉

案：左宣十二「晉鮑癸當其後」，則鮑癸爲晉人。齊有鮑氏，此鮑癸不知名鮑癸，抑氏鮑名癸，若鮑爲其氏，亦不知與齊鮑氏有關否？

2217、鮑國（成十七）、文子（昭十）、鮑文子（昭十四）──齊

案：左成十七「齊人來召鮑國而立之」，杜注：「國，牽之弟。」謂鮑牽之弟，則鮑、其氏也。左昭十「遂見文子」，杜注：「文子，鮑國。」左昭十四亦稱鮑文子，文蓋其諡也。

2218、鮑牽（成十七）、鮑莊子（成十七）──齊

案：左成十七「鮑牽見之」，杜注：「鮑牽，鮑叔牙曾孫。」則鮑、其氏也，牽則其名或字。傳載孔子稱其曰鮑莊子，莊蓋其諡也。

2219、麇（哀十七）──宋

案：左哀十七「宋皇瑗之子麇」，則麇爲宋人。傳載皇野於宋君前稱其曰麇，麇蓋其名也。

2220、麇子（文十）──麇

案：左文十「麇子逃歸」，左文十一經「楚子伐麇」，則麇爲國名，麇子乃麇國之君。

十七畫

2221、優狡（哀二十五）──衛

案：左哀二十五「公使優狡盟拳彌」，杜注：「優狡，俳優也。」會箋云：「優狡以優施例之，優人名狡，以狡爲名者，宣十二年楚有唐狡。」其說是也。左傳人物名號有以職官名冠名上者，如醫和、師慧等是也，見頁五六。

又優施見穀梁定十，范注：「優、俳，施、其名也。」

2222、孺子秩（襄二十三）、秩（襄二十三）、孺子（襄二十三）──魯

案：左襄二十三「孺子秩固其所也」，據傳，孺子秩為仲孫速之子，傳載季武子曰「秩焉在」，季武子高秩二輩，呼曰秩，則秩、其名也。傳載公彌曰「孺子秩固其所也」，杜注：「固自當立。」春秋時，國君及卿大夫之子被擬為嗣立者，或已嗣位而父死不久者，皆得稱孺子，詳頁五五。因其已被擬為嗣立者，故公彌以孺子配名稱其曰「孺子秩」。

2223、彌子瑕（定六）、彭封彌子（哀二十五）、彌子（哀二十五）──衛

案：左定六「使彌子瑕追之」，杜注：「彌子瑕，衛嬖大夫。」左哀二十五「以其帑賜彭封彌子」，杜注：「彭封彌子，彌子瑕。」會箋云：「蓋延陵季子之類。」謂彭封為彌子之封邑也。同傳又稱其為「彌子」，通志氏族略第三云：「彌氏、姬姓，史記衛公孫彌牟，彌牟孫子瑕，以王父字為氏。」此說蓋非也。公孫彌牟名彌牟，字子之，詳0395公孫彌牟條。左哀十二謂「子之尚幼」，謂公孫彌牟尚幼，而左定六衛侯使彌子瑕追魯人，則彌子瑕之年長於公孫彌牟，豈得以彌子瑕為公孫彌牟之孫？杜氏世族譜亦以公孫彌牟為衛靈公孫，而以彌子瑕為雜人，本不相干。彌子瑕之彌或其氏，瑕為其名或字，如蔿子馮、陳子行之例。

2224、戲陽速（定十四）、速（定十四）──衛

案：左定十四衛大子蒯聵「謂戲陽速曰」，杜注：「速，大子家臣。」通志氏族略第三「戲陽氏……晉邑也，舊屬衛，今相州安陽縣永和鎮東二十五里戲陽城，衛大夫戲陽速……」，謂戲陽為其氏。傳續云「速曰」，速或其名，故同傳載大子稱其曰「戲陽速」。

2225、檀伯（桓十五）──鄭

案：左桓十五「鄭伯因櫟人殺檀伯」，杜注：「檀伯，鄭守櫟大夫。」史記鄭世家作「單伯」，楊注云：「錢大昕史記考異、梁玉繩志疑、洪頤煊讀書叢錄俱謂單、檀古多通用。」

2226、檀伯達（成十一）──檀

案：左成十一「劉子、單子曰『昔周克商，使諸侯撫封，蘇忿生以溫為司寇，與檀伯達封于河』」，春秋大事表五以檀為國，則檀伯達為檀國之君，達為其名或字。

2227、燭之武（僖三十）──鄭

案：左僖三十「若使燭之武見秦君」，杜注謂燭之武爲「鄭大夫」，水經洧水注七里溝水「又南歷燭城西，即鄭大夫燭之武之邑也」，似燭之武以邑爲氏。燭之武之燭爲其氏，武爲其名或字，「之」字則爲氏與名字間之語助，故後漢書張衡傳張衡止稱其曰燭武，詳頁五三。

2228、燭庸之越（襄二十三）──齊

案：左襄二十三齊侯伐衛「燭庸之越馹乘」，則燭庸之越爲齊人。左傳人物名號中，有以之字爲氏與名字間之語助者，詳頁五三，依此則燭庸爲其氏，越爲其名或字。然左傳人物名號中，亦有繫子於父之稱謂習慣，如同傳「申鮮虞之傅摯」，謂申氏名鮮虞者之子傅摯；成十六「潘尫之黨」，謂潘氏名尫者之子黨，即同傳所謂「潘黨」者是也。若以此例之，燭庸之越或即燭庸之子名越者也。說苑卷九載齊景公主鳥之臣曰「燭庸」者，或亦以燭爲其氏歟？二解未知孰是。

2229、燮父（昭十二）──晉

案：左昭十二「昔我先王熊繹與呂級、王孫牟、燮父、禽父並事康王」，杜注謂燮父爲「晉唐叔之子」，史記晉世家云「唐叔子燮」，以燮爲唐叔之子。其單稱燮者，燮爲其名或字；左傳稱燮父者，以名或字配男子美稱「父」字而成之名號，左傳有其例，詳上篇第二章。

2230、獳羊肩（隱四）──衛

案：左隱四衛「石碏使其宰獳羊肩涖殺石厚于陳」，則獳羊肩爲衛人。

2231、繁羽（哀二）──晉

案：左哀二「繁羽御趙羅」，杜注謂繁羽爲「晉大夫」。

2232、聲子（隱元）、君氏（隱三經）──魯

案：左隱元「繼室以聲子生隱公」，杜注：「聲、謚也。」春秋婦女繫姓，則子爲其母家姓，以謚配母家姓，故曰聲子。左隱三經「君氏卒」，傳以爲即聲子，孔疏云：「謂之君氏者，言是君之母氏也，母之與子，氏族必異，故經典通呼母、舅爲母氏、舅氏，言其與己異氏也。」日知錄卷四云：「左傳襄公二十六年，左師見夫人之步馬者問之，對曰：『君夫人氏也。』蓋當時有此稱，然則去其夫人即爲君氏矣。」顧氏所謂去夫人之稱者，蓋謂隱公以攝位自居，故其母不稱夫人，「君夫人氏」不稱夫人則爲君氏矣。君氏，公、穀作尹氏，

以爲天子之大夫。尹或「君」之殘脫字。楊注云：「春秋除周王及魯侯外，列國諸侯以及卿大夫，其卒，常例皆書其名，而此尹氏若果爲周大夫，竟不書名，則不可解，以是可知公、穀之誤。」

2233、聲己（文七）──魯

案：左文七「穆伯娶于莒，曰戴己，生文伯，其娣聲己生惠叔」，穆伯即魯公孫敖，戴己、聲己皆莒女，會箋云：「己、莒姓，戴、聲皆謚。」謂聲己之聲爲其謚，己則其母家姓，以其謚配母家姓，故曰聲己也。楊注亦云：「戴己、聲己，戴、聲俱是其謚，則春秋時，卿之夫人亦有謚。」

2234、聲孟子（成十六）、孟子（成十七）──齊

案：左成十六「齊聲孟子通僑如」，杜注：「聲孟子，齊靈公母，宋女。」據史記齊太公世家，靈公爲頃公子，則聲孟子爲齊頃公之夫人。左成十七又稱其爲「孟子」，春秋時婦女繫姓，子爲其母家姓，孟則其行次，以行次配母家姓，曰孟子。聲則與夫謚異，蓋其謚也；以己謚配行次配母家姓，故曰聲孟子。

2235、聲姜（僖十七）、夫人姜氏（僖十一經）──魯

案：左僖十七「聲姜以公故，會齊侯于卞」，杜注：「聲姜，僖公夫人，齊女。」因其爲齊女，故以母家姓稱姜氏，聲蓋其謚也，以謚配母家姓稱聲姜。

2236、薛伯夷（哀十經）、薛惠公（哀十經）──薛

案：左哀十經「薛伯夷卒」，則夷、其名也，詳 0857 宋公固條。同經「葬薛惠公」，惠蓋其謚也。

2237、薛伯定（定十二經）、薛伯（定四）、薛襄公（定十二經）──薛

案：左定十二經「薛伯定卒」，則定爲其名，詳 0857 宋公固條。同經「葬薛襄公」，襄蓋其謚也。

2238、薛伯穀（昭三十一經）、薛獻公（昭三十一經）──薛

案：左昭三十一經「薛伯穀卒」，則穀爲其名，詳 0857 宋公固條。同經「葬薛獻公」，獻蓋其謚也。

2239、薛侯（隱十一經）──薛

案：左隱十一經「滕侯、薛侯來朝」，同年傳孔疏引杜氏世族譜云：「薛、

任姓，黃帝之苗裔奚仲封爲薛侯，今魯國薛縣是也。」薛侯爲薛國之君。

2240、褒姒（昭元）──周

　　案：左昭元「詩曰『赫赫宗周，褒姒亡之』」，杜注：「褒姒，周幽王后。」史記周本紀索隱云：「褒、國名，夏同姓。」正義曰：「括地志云：褒國故城在梁州褒城縣東二百步，古褒國也。」則褒姒者，以母家國名配母家姓之稱也。

2241、襄公（襄三十一經）、襄（哀十三）──魯

　　案：左襄三十一經「葬我君襄公」，此魯襄公，襄當是其謚也。

2242、襄伊（襄二十五）──齊

　　案：左襄二十五崔杼弒齊莊公「襄伊、僂堙皆死」，杜注謂襄伊爲「齊勇力之臣」。

2243、襄罷師（襄二十三）──齊

　　案：左襄二十三齊侯伐衛「牢成御襄罷師」，則襄罷師爲齊人。

2244、謝息（昭七）──魯

　　案：左昭七「謝息爲孟孫守」，杜注：「謝息，僖子家臣。」謂謝息爲魯孟僖子之家臣，則謝息爲魯人。

2245、蹇叔（僖三十二）──秦

　　案：左僖三十二秦穆公「訪諸蹇叔」，杜注：「蹇叔，秦大夫。」

2246、轅咺（哀十一）──陳

　　案：左哀十一「陳轅頗出奔鄭……其族轅咺進稻醴粱糗腵脯焉」，則轅爲其氏也，參2248轅頗條。

2247、轅買（哀十四經）──陳

　　案：左哀十四經「陳轅買出奔楚」，轅爲其氏，參2248轅頗條。

2248、轅頗（哀十一經）──陳

　　案：左哀十一經「陳轅頗出奔鄭」，左通補釋三十一引萬氏氏族略云：「轅頗，據唐書宰相世系表，以爲轅選之曾孫，杜譜惟轅濤塗、轅僑列爲轅氏，餘竝入雜人內。」楊注據此謂新唐書宰相世系表「與杜譜異，蓋附會之說」，然今所見杜氏世族譜，陳轅氏之下除轅濤塗、轅僑外，尚有轅選、轅咺、轅頗、轅買，與左通補釋及楊注異，不知何故。陳氏世族譜及春秋大事表十二下陳轅氏下亦列上述諸人。又轅，公羊作袁，轅、袁字可通假，見2250轅濤

塗條。

2249、轅選（文二）——陳

案：左文二「晉先且居……陳轅選……伐秦」，轅為其氏，參 2248 轅頗條。

2250、轅濤塗（僖四經）、濤塗（僖四）、轅宣仲（僖五）——陳

案：左僖四經「齊人執陳轅濤塗」，杜注：「轅濤塗，陳大夫。」傳稱濤塗，左僖五稱轅宣仲，則轅、其氏也。轅，公、穀作袁，春秋異文箋云：「轅、袁古通假。」並謂：「元和姓纂：袁，媯姓，舜後，陳胡公滿之後，胡公生申公……荘伯生諸，字伯爰，孫宣仲濤塗，以王父字為氏，代為上卿，字或作袁、轅，其實一也。」又云：「隸釋袁良碑：厥先舜苗，世為封君，周之興，虞閼父典陶正，嗣滿為陳矦，至玄孫濤塗，初氏父字，立姓曰袁。」則轅、袁字可通假，轅為其氏。經稱轅濤塗，經多書名，濤塗當是其名也。其稱轅宣仲者，宣蓋其謚也。仲或其行次也。

2251、還無社（宣十二）——蕭

案：左宣十二「還無社與司馬卯言」，杜注：「還無社，蕭大夫……無社素識叔展。」杜氏稱無社，以還為其氏歟？

2252、鍼（襄二十六）、伯車（成十三）、后子（昭元）、秦公子（昭元）
　　　——秦

案：左襄二十五「秦伯車如晉涖盟」，杜注：「伯車，秦伯之弟鍼也。」左昭元鍼對趙孟曰：「鍼聞之」，自稱鍼，則鍼、其名也。同年傳又稱「后子」，云「秦后子有寵於桓，如二君於景，其母曰……后子享晉侯……后子見趙孟……」，杜注：「后子，秦桓公子，景公母弟鍼也。」則后子之稱繫乎其母耶？抑有他故耶？解詁云：「秦公子鍼、字伯車。」謂鍼為其名，伯車為其字；又云：「鍼讀為鉆，鍼、鉆古字通……說文『鉆，膏車鐵鉆』。」以為鍼與車，名字相應。

2253、鍼子（隱八）——陳

案：左隱八「陳鍼子送女……鍼子曰」，杜注：「鍼子、陳大夫。」左襄二十四經陳有「鍼宜咎」，杜注謂「陳鍼子八世孫」，則鍼子之鍼，蓋其氏也。

2254、鍼巫氏（莊三十二）、鍼季（莊三十二）——魯

案：左莊三十二「成季使以君命命僖叔，待于鍼巫氏，使鍼季酖之」，杜

注：「鍼巫氏，魯大夫。」通志氏族略第四云：「巫氏……此以技術傳家，因以爲氏，魯有巫匠，又有鍼巫氏。」左通補釋三云：「案下即云鍼季，則鍼其氏，巫其職或其名（原注：如楚巫臣），氏者，家也，季乃其字，鄭漁仲之說恐非。」其說是也。史記魯周公世家會注考證引龜井道載亦曰「鍼、氏，巫、名，季、其字。」

2255、鍼宜咎（襄二十四經）、蔵尹宜咎（昭四）——陳→楚

案：左襄二十四經「陳鍼宜咎出奔楚」，杜注：「陳鍼子八世孫。」孔疏謂杜氏此注據世本，鍼宜咎八世祖曰鍼子，則鍼、其氏也，經多書名，宜咎蓋其名；杜注曰「書名……」，亦以宜咎爲其名。左昭四楚「蔵尹宜咎城鍾離」，杜注：「宜咎本陳大夫，襄二十四年奔楚。」以爲即鍼宜咎。稱蔵尹宜咎者，校勘記云：「淳熙本、纂圖本、毛本咸作篏，亦非。石經、宋本、岳本、足利本作蔵，與釋文合。」以爲當作蔵尹，會箋本亦作蔵尹。楚有篏尹之官，左襄十五「公子追舒爲篏尹」是也。楚官名稱某尹者約二十，不論咸尹爲蔵尹之誤，或爲篏尹之誤，皆楚官名也。

2256、鍼虎（文六）——秦

案：左文六秦穆公卒「以子車氏之三子奄息、仲行、鍼虎爲殉」，杜注：「子車，秦大夫氏也。」楊注謂鍼虎爲名，詩秦風黃鳥「誰從穆公？子車鍼虎」，則以氏冠名上也。

2257、鍼莊子（僖二十八）——衛

案：左僖二十八衛「鍼莊子爲坐」，此衛大夫，廣韻篏字注云：「姓，風俗通云：有衛大夫篏莊子。」鍼作篏，鍼蓋其氏，莊則其謚也。

2258、鍾吳〔吾〕子（昭三十）——鍾吾

案：左昭三十「吳子執鍾吳子」，校勘記謂毛本作「吾」，會箋本亦作「吾」，左昭二十七「公子燭庸奔鍾吾」，則作「吾」是。左昭二十七杜注：「鍾吾、小國。」春秋大事表亦以鍾吾爲國，則鍾吾子者，其君也。

2259、鍾建（定四）——楚

案：左定四「鍾建負季羋以從」，杜注云：「鍾建，楚大夫。」左通補釋二十九引萬氏氏族略云：「鍾儀本泠人，鍾建爲樂尹，皆與鍾呂有合，疑以事爲氏者也。」左通補釋又云：「呂氏春秋精通篇『鍾子期』，注云：『楚人鍾儀之族。』蓋世擅知音者也。」皆以鍾爲其氏，且謂鍾氏爲以事爲氏者。又鍾

儀見左成九，鍾建爲樂尹見左定五。

2260、闡輿罷（定五）──楚

案：左定五「囚闡輿罷」，杜注云：「輿罷，楚大夫。」杜注稱輿罷，則以闡爲其氏歟？

2261、隰朋（僖九）──齊

案：左僖九「齊隰朋帥師會秦師納晉惠公」，杜注云：「隰朋，齊大夫。」潛夫論志氏姓以齊隰氏爲姜姓，通志氏族略第三謂隰氏「以邑爲氏」，云：「隰氏，姜姓……齊莊公子廖事桓公，封於隰陰，爲大夫，故以爲氏。」

2262、隰鉏（襄二十五）──齊

案：左襄二十五「使隰鉏請成」，杜注云：「鉏，隰朋之曾孫。」則隰、其氏也。

2263、隰黨（昭十四）──齊

案：左昭十四「齊隰黨、公子鉏送之」，春秋分記世譜六、陳氏世族譜及春秋大事表十二上於齊隰氏下皆列隰黨，以隰爲其氏。

2264、隱公（隱元）──魯

案：左隱元「繼室以聲子生隱公」，此魯隱公，隱當是其謚也。

2265、韓不信（昭三十二經）、伯音（昭三十二）、韓簡子（昭三十二）
**　　　──晉**

案：左定元「魏獻子屬役於韓簡子」，杜注：「簡子，韓起孫不信也。」謂韓簡子即韓不信，爲韓起之孫，則韓、其氏也，簡蓋其謚也。左昭三十二經稱「韓不信」，經多書名，不信當是其名。同年傳稱伯音，解詁：「晉韓不信、字伯音。」以不信爲其名，伯音爲其字。

2266、韓固（昭二十八）──晉

案：左昭二十八「韓固爲馬首大夫」，杜注云：「固，韓起孫。」則韓爲其氏也。

2267、韓服（桓九）、巴客（桓九）、巴行人（桓九）──巴

案：左桓九「巴子使韓服告于楚，請與鄧爲好，楚子使道朔將巴客以聘於鄧，鄧南鄙鄾人攻而奪之幣，殺道朔及巴行人」，杜注：「巴國在巴郡江州縣。」以巴爲國名，又謂：「韓服，巴行人。」「巴客，韓服。」以巴客、巴行人即韓服。稱巴客，蓋韓服爲楚之客，故曰巴客；行人爲其官，故又稱巴

行人。

2268、韓穿（宣十二）──晉

案：左宣十二「鞏朔韓穿爲上軍大夫」，陳氏世族譜及春秋大事表十二上於晉韓氏下列韓穿，以韓爲其氏。

2269、韓起（襄九）、起（襄七）、宣子（襄七）、韓宣子（襄二十六）、士起（襄二十六）、韓子（襄三十一）──晉

案：左襄七韓無忌曰「請立起也」，杜注以韓無忌爲韓厥長子，起爲「無忌弟宣子」，則韓起之韓、其氏也。左襄二十六「韓宣子來聘⋯⋯曰『起不堪也』」，自稱起，則起爲其名。稱宣子，宣蓋其謚也。同傳韓起對周天子曰「晉士起⋯⋯」，自稱士起，杜注云：「禮，諸侯大夫入天子國稱士。」左襄三十一稱韓子，以氏配子爲春秋時卿大夫稱謂之通例。

2270、韓厥（宣十二）、韓獻子（宣十二）、厥（成三）、獻子（成六）──晉

案：左宣十二「韓厥爲司馬」，杜注：「韓萬玄孫。」史記韓世家正義引世本，亦以韓厥爲韓萬玄孫，參 2273 韓萬條，則韓、其氏也。同傳稱韓獻子，獻蓋其謚也。左成十七韓厥曰「焉用厥也」，自稱厥，則厥爲其名。

2271、韓無忌（成十八）、公族穆子（襄七）、無忌（襄七）──晉

案：左成十八晉使「韓無忌爲公族大夫」，杜注：「無忌，韓厥子。」則韓、其氏也。左襄七稱其爲公族穆子，穆蓋其謚也。春秋大事表十以公族爲晉官名，因其爲公族大夫，以官名配謚，故曰公族穆子。同傳又載其言曰「無忌不才」，自稱無忌，則無忌、其名也。

2272、韓須（昭二）──晉

案：左昭二「韓須如齊逆女」，杜注：「須，韓起之子。」則韓其氏也。史記韓世家索隱引世本云：「平子名須，宣子子也。」宣子者，韓起也。是謂須爲其名，平爲其謚。而史記韓世家謂韓起之子曰貞子、史記志疑卷二十四云：「人表又作悼子，豈須有三謚乎？」

2273、韓萬（桓三）──晉

案：左桓三「韓萬御戎」，杜注：「韓萬，莊伯弟也。」謂韓萬爲晉桓叔名成師之子，晉穆侯之孫，孔疏以爲杜注據世本而言。國語晉語八韓起拜叔

向之言有曰：「其自桓叔以下嘉吾子之賜。」足證韓氏之先祖爲桓叔，韋注：「桓叔，韓氏之祖曲沃桓叔也，桓叔生子萬，受韓以爲大夫，是爲韓萬。」謂桓叔子萬受韓以爲大夫，故稱韓萬。史記韓世家正義云：「世本云：桓叔生子萬，萬生勝伯，勝伯生定伯簡，簡生輿，輿生獻子厥，竝居韓。」亦謂韓萬居韓，然則韓萬已以邑爲氏矣。

2274、韓襄（襄十六）──晉

案：左襄十六「祁奚、韓襄、欒盈、士鞅爲公族大夫」，杜注：「韓襄，無忌子也。」謂韓襄爲韓無忌之子，則韓、其氏也。

2275、韓簡（僖十五）──晉

案：左僖十五「使韓簡視師」，杜注：「韓簡，晉大夫，韓萬之孫。」韓簡爲韓萬之孫，史記韓世家正義引世本同，參 2273 韓萬條。則韓、其氏也。

2276、鴻駵魋（昭二十）──衛

案：左昭二十衛「鴻駵魋駟乘于公」，通志氏族略第四云：「鴻氏、大鴻氏之後也，大鴻即黃帝，亦謂帝鴻氏，左傳衛有鴻聊魋。」以鴻爲其氏，不知何據。

十八畫

2277、戴己（文七）──魯

案：左文七「穆伯取于莒，曰戴己……其娣聲己」，左隱二經孔疏引世本：「莒，己姓。」則戴己、聲己之己，其母家姓也。又穆伯即魯公孫敖，公子慶父之子，穆蓋其諡也，而戴己、聲己之戴、聲與夫諡異，則當是二人之諡，楊注云：「戴己、聲己，聲、戴俱是其諡，則春秋時卿之夫人亦有諡。」

2278、戴公（閔二）──衛

案：左閔二衛宣姜「生齊子、戴公、文公……」，戴公爲衛君，戴蓋其諡也。

2279、戴惡（昭八）──宋

案：左昭八「宋戴惡會之」，杜注：「戴惡，宋大夫。」左通補釋二十三引萬氏氏族略云：「宋稱華、樂、皇三族爲戴氏，或祇稱樂氏一族爲戴氏，惡之氏戴，不知屬何族，又恐別有族也，孟子有戴不勝、戴盈之，皆宋人。」謂宋華、樂、皇三氏出自宋戴公，或稱戴氏，戴惡以宋戴公之諡爲氏。宋戴公之子皇父充石、樂父術之後以皇、樂爲氏，宋戴公之孫華父督之後以華爲

氏，皆以公子、公孫之字爲氏，未嘗以國君之謚爲氏，亦未嘗見此三氏之人以戴爲氏也。然而宋向魋，以向爲氏，向氏出自宋桓公，向魋又稱桓魋、桓司馬，左哀十四載宋景公曰：「不可以絕向氏之祀。」其兄向巢曰：「盡滅桓氏可也。」自稱桓氏，則向魋或以桓公之後稱桓魋歟？參 0749 桓魋條。戴惡之稱，豈與桓魋之稱相似歟？

2280、戴嬀（隱三）──衛

案：左隱三「衛莊公……娶于陳，曰厲嬀……其娣戴嬀生桓公」，杜注云：「嬀，陳姓也，厲、戴皆謚。」謂嬀爲其母家姓，戴乃其謚也。詩邶風燕燕「仲氏任只」，毛傳云「仲，戴嬀字也」，以戴嬀爲厲嬀之娣，其行次爲仲，以行次配氏，故稱仲氏也。然左傳似猶未見婦女之名號有以行次配氏爲稱者。

2281、檮杌（文十八）

案：左文十八「顓頊氏有不才子……天下之民謂之檮杌」，則檮杌爲顓頊氏之不才子。

2282、檮戭（文十八）

案：左文十八謂高陽氏有才子八人，此爲其一。

2283、瞽瞍（昭八）

案：左昭八「自幕至于瞽瞍無違」，杜注云：「瞽瞍，舜父。」

2284、禮孔（閔二）──衛

案：左閔二「狄人因史華龍滑與禮孔以逐衛人，二人曰：『我大史也……』」，則禮孔爲衛之大史。又禮孔之禮或其氏，參 2285 禮至條。

2285、禮至（僖二十四）──衛

案：左僖二十四「禮至曰」，杜注云：「禮至，衛大夫。」同傳禮至曰「我請昆弟仕焉」，次年傳「二禮從國子巡城」，則二禮指禮至及其兄弟。左成十五稱二華，指華元、華喜也、左襄七稱二慶，指慶虎、慶寅也，則稱二禮者，其一爲禮至，另一亦應作禮某、禮當是其氏也。左閔二衛有禮孔，未知與禮至有關否？

2286、簡王（襄二經）──周

案：左襄二經「葬簡王」，此周簡王，簡、蓋其謚也。

2287、簡如（文十一）──鄭瞞

案：左文十一「衛人獲其季弟簡如」，據傳及杜注，此鄭瞞國君僑如之幼弟也。

2288、簡師父（僖二十四）──周

案：左僖二十四「王使簡師父告于晉」，杜注簡師父云「周大夫」。

2289、簡璧（僖十五）──秦

案：左僖十五秦穆夫人「以大子罃、弘與女簡璧登臺而履薪焉」，杜注云：「罃、康公名，弘、其母弟也，簡璧，罃、弘姊妹。」則簡璧為秦穆公之女。

2290、繞朝（文十三）──秦

案：左文十三「繞朝贈之以策」，杜注云：「繞朝，秦大夫。」

2291、蔿子馮（襄二十一）、蒍子馮（襄十五）、蔿子（襄二十二）、蒍子（襄二十五）──楚

案：左襄二十五「楚子以滅舒鳩賞子木，辭曰『先大夫蒍子之功也』」，杜注：「往年楚子將伐舒鳩，蒍子馮請退師以須其叛，楚子從之，卒獲舒鳩。」謂蒍子即蒍子馮，杜注所謂蒍子馮請退師事，見左襄二十四，左襄二十四作「蔿子」，杜注：「令尹蔿子馮。」則蔿子即蒍子，與蔿子馮、蒍子馮為一人也。左襄十五「蒍子馮為大司馬」，杜注：「子馮，叔敖從子。」叔敖即孫叔敖，又稱蒍敖，為乃其氏，則蒍子馮之蒍亦其氏也。稱蒍子，以氏配子，此春秋卿大夫稱謂之常例。又稱蔿子馮、蔿子者，蒍、蔿二字音同通用，見2298蔿章條。

2292、蔿氏（昭十一）──魯

案：左昭十一泉丘人有女奔僖子「僖子使助蔿氏之簉……宿于蔿氏」，杜注：「簉，副倅也，蔿氏之女為僖子副妾，別居在外，故僖子納泉丘人女，令副助之。」以蔿氏為副妾之父。沈欽韓春秋左氏傳補注云：「蔿氏當是僖子正室，使二女助之，為其簉。」謂蔿氏是僖子正室。又云：「或蔿氏是僖子別邑，使二女別居于此為簉也，故下『宿于蔿氏』。」以蔿氏為僖子別邑。楊注云：「沈後說較長，簉即妾，後人稱妾為簉氏，即本於此。」然則蔿氏為地名矣。而會箋則云：「簉、竈通，見於管子……助蔿氏之簉，謂助蔿氏

主中饋之事也。」未知孰是。

2293、蒍固（哀十八）、箴尹固（定四）、箴尹固（哀十六）、工尹（哀十八）
————楚

案：左定四「箴尹固與王同舟」，楊注：「箴尹亦作箴尹。」謂左哀十六
作「箴尹固」也。春秋大事表十以箴尹爲官名，左襄十五「公子追舒爲箴尹」
是也。左哀十八有蒍固，楚王稱其爲「工尹」，並謂其「勤先君者也」，杜注
以爲即箴尹固，春秋大事表十云：「蓋蒍固由箴尹遷工尹。」工尹亦楚官名，
左文十楚鬭宜申「爲工尹」是也。由上觀之，箴尹即箴尹，與工尹皆爲固之
官名，其稱蒍固，蒍蓋其氏也，陳氏世族譜及春秋大事表十二下楚蒍氏下列
蒍固，蒍、蒍字通，蒍氏即蒍氏，見2298蒍章條，則皆以蒍爲其氏也。

2294、蒍居（昭十三）————楚

案：左昭十三「奪蒍居田」，杜注云：「居、掩之族。」謂蒍居爲蒍掩之
族人，則蒍爲其氏。

2295、蒍洩（昭六）————楚

案：左昭六「使蒍洩伐徐」，杜注云：「蒍洩，楚大夫。」陳氏世族譜及
春秋大事表十二下於楚蒍氏下列蒍洩，陳氏世族譜並云：「蒍與蒍通。」皆以
蒍爲其氏，其說是也，參2298蒍章條。

2296、蒍射（昭五）————楚

案：左昭五「蒍射以繁揚之師會于夏汭」，春秋大事表十二下楚蒍氏下列
蒍射，按蒍、蒍蓋音同通用，見2298蒍章條，則顧氏以蒍爲其氏。陳氏世族
譜則稱蒍射，改蒍爲蒍。

2297、蒍啟彊（襄二十四）————楚

案：左襄二十四「楚子使蒍啓彊如齊聘」，陳氏世族譜及春秋大事表十二
下於楚蒍氏下列蒍啓彊，以蒍爲其氏。蒍、蒍蓋音同通用，見2298蒍章條。

2298、蒍章（桓六）————楚

案：左桓六「使蒍章求成焉」，杜注：「蒍章，楚大夫。」通志氏族略第
三云：「蒍氏，亦作蒍，羋姓，楚蚡冒之後。蒍章食邑于蒍，故以命氏。」
謂蒍章爲蚡冒之後，食邑於蒍，因以爲氏，蒍亦作蒍。潛夫論志氏姓謂蚡冒
生「蒍章」，蒍即作蒍。左桓六「蒍章」，釋文云：「蒍、于委反。」左襄十

八「蒍子馮」，釋文又云：「蒍本又作薳，于委反。」則薳、蒍二字音同通用。故陳氏世族譜楚蒍氏下云：「蒍與薳通。」而薳子馮左傳又作蒍子馮，薳掩又作蒍掩，見 2291 蒍子馮、0052 蒍掩條。薳氏者，氏族略以爲以地爲氏，左僖二十七「子玉復治兵於蒍……蒍賈尚幼……」，則楚有蒍地，且與蒍氏人物蒍賈同時出現，左昭二十三「薳越……乃縊于薳澨」，則楚亦有地名曰薳澨，且與薳氏人物薳越同時出現，則鄭樵以地爲氏之說可信也。

2299、薳罷（襄二十七）、子蕩（襄二十七）、令尹子蕩（昭五）──楚

案：左襄二十七「楚薳罷如晉涖盟」，杜注：「罷，令尹子蕩。」傳下文載叔向曰「薳氏之有後……」，則薳爲其氏，陳氏世族譜及春秋大事表十二下於楚蒍氏下皆列薳罷，蒍、薳二字音同通用，見 2298 薳章條，則顧、陳二氏皆以薳爲其氏。左襄三十經「楚子使薳罷來聘」，經多書名，罷蓋其名。罷，公羊作頗，春秋異文箋云：「罷、頗，古皆音婆，公羊作薳頗，假音字。」左襄二十七叔向稱其爲子蕩，解詁云：「楚薳罷，字子蕩，」以罷爲其名，子蕩爲其字。左昭元「薳罷爲令尹」，故傳又稱令尹子蕩。

2300、藍尹亹（定五）──楚

案：左定五「藍尹亹涉其帑」，杜注云：「亹，楚大夫。」春秋大事表十以藍尹爲官名，左通補釋二十九引周氏附論云：「藍尹、藍地之縣尹也。」

2301、謳陽（哀十三）──越

案：左哀十三「疇無餘、謳陽自南方」，杜注云：「二子，越大夫。」

2302、豐卷（襄三十）、子張（襄三十）──鄭

案：左襄三十鄭「豐卷將祭」，春秋分記世譜七云：「段生二子，曰卷、曰施。」謂豐卷爲公孫段之子，而公孫段又爲子豐之子，然則豐卷爲子豐之孫，以王父字「豐」爲氏也，參 0141 子豐條。傳續云「子張怒」，杜注：「子張，豐卷。」解詁云：「鄭豐卷、字子張。」以卷爲其名，子張爲其字。

2303、豐施（昭七）、施（昭七）、子旗（昭十六）──鄭

案：左昭七「子產爲豐施歸州田于韓宣子」，杜注：「豐施，鄭公孫段之子。」公孫段又爲鄭穆公子子豐之子，故豐施爲子豐之孫，以王父字「豐」爲氏也，參 0141 子豐條。同傳子產告晉韓宣子曰「施將懼不能任其先人之祿」，子產輩份高豐施一輩，代豐施辭邑於晉，當稱其名，故施爲其名。左昭十六「子旗賦有女同車」，杜注：「子旗，公孫段之子豐施也。」解詁：「鄭豐施、

字子旗。」以施爲其名，子旗爲其字。古人名施多字旗，詳頁二五。

2304、豐愆（昭二十一）——宋

案：左昭二十一宋「樂大心、豐愆、華牼䵍諸横」，據傳豐愆爲宋人。

2305、豐點（襄二十三）——魯

案：左襄二十三「孟氏之御騶豐點好羯也」，楊注云：「豐點，蓋姓豐名點。」

2306、醫和（昭元）、和（昭元）——秦

案：左昭元「秦伯使醫和視之」，此秦之醫也，傳下文「和聞之」，自稱和，則和、其名也。

2307、醫衍（僖三十）——晉

案：左僖三十「晉侯使醫衍酖衛侯」，杜注：「衍、醫名。」陳氏世族譜以醫衍爲晉人。

2308、醫緩（成十）——秦

案：左成十「秦伯使醫緩爲之」，杜注：「緩、醫名。」

2309、顏羽（哀十一）、子羽（哀十一）——魯

案：左哀十一「顏羽御」，杜注：「孟氏臣。」傳又載孟孺子曰「子羽銳敏」，稱子羽，杜注謂子羽即顏羽，然則顏、其氏也。羽爲其名或字。春秋時名或字上皆可冠氏、冠子，參上篇第二章。

2310、顏息（定八）——魯

案：左定八「顏息射人中眉」，杜注：「顏息，魯人。」傳上文魯人有顏高，顏蓋其氏也。

2311、顏高（定八）——魯

案：左定八「顏高之弓六鈞」，杜注：「顏高，魯人。」傳下文魯人有顏息，顏蓋其氏也。

2312、顏涿聚（哀二十七）、顏庚（哀二十三）——齊

案：左哀二十三「知伯親禽顏庚」，杜注：「顏庚，齊大夫顏涿聚。」左哀二十七即稱顏涿聚，既稱顏庚，又稱顏涿聚，則顏、其氏也。解詁：「齊顏涿聚，字庚。」以涿聚爲其名，庚爲其字。周法高云：「據辭通：呂氏春秋尊師作『顏涿聚』，論語摘輔象引呂覽作『顏涿娶』，尸子勸學作『顏歜聚』，淮

南子氾論作『顏喙聚』，史記孔子世家作『顏濁鄒』，孟子作『顏讎由』，說苑
正諫作『顏燭趨』，韓詩外傳三作『顏鄧聚』。」見周秦名字解詁彙釋補編頁
一一一，以爲皆涿聚之異稱。

2313、顏鳴（昭二十六）──魯

　　案：左昭二十六「林雍羞爲顏鳴右」，杜注：「皆魯人。」左定八，魯人
有顏高、顏息，左哀十一有顏羽，則顏鳴之顏，蓋其氏也。

2314、顏懿姬（襄十九）──齊

　　案：左襄十九「齊侯娶于魯，曰顏懿姬，無子，其姪鬷聲姬生光，以爲
大子」，杜注云：「顏、鬷皆二姬母姓，因以爲號，懿、聲皆謚。」謂顏、鬷
爲二魯女之母姓，懿、聲爲其謚。會箋云：「注母姓，當云母氏。」謂杜注母
姓當作母氏。楊注云：「據杜注，二女皆姬姓，懿姬母本姓顏，聲姬母本姓鬷，
因以爲號，懿、聲皆死後之謚。」左傳未嘗見顏姓、鬷姓者，而有顏氏、鬷
氏之人，如左昭二十六顏鳴，左定八顏息、顏高，左哀十一顏羽，皆魯人；
左昭二十五魯有鬷戾，爲叔孫氏之司馬，左襄二十五齊有鬷蔑，梁履繩以爲
齊莊公母鬷聲姬母家之人，故崔杼弒莊公後，患其作亂而殺之，見 2392 鬷蔑
條，然則顏、鬷當是其母家氏，非姓。稱顏懿姬者，以母家氏配己謚配母家
姓之稱也。

2315、顓孫（莊二十二）──陳

　　案：左莊二十二「陳人殺其大子御寇，陳公子完與顓孫奔齊」，杜注云：
「公子完、顓孫，皆御寇之黨。」則顓孫爲陳人。

2316、顓頊〔氏〕（文十八）、高陽氏（文十八）

　　案：左文十八「顓頊有不才子」，校勘記：「石經、宋本、淳熙本、岳本、
纂圖本、頊下有氏字。」會箋本亦有氏字，左氏此段文字，首言高陽氏、次
高辛氏、次帝鴻氏、次少皞氏、次顓頊、次縉雲氏、五者有氏字，則顓頊下
亦當有氏字，阮刻本無氏字，脫文也。同傳「高陽氏有才子八人」，杜注：「高
陽，帝顓頊之號。」以顓頊、高陽爲一人，謂高陽爲顓頊之號，孔疏云：「先
儒舊說及譙周考史皆以顓頊……爲帝之身號，高陽……皆國氏土地之號。」
史記五帝本紀「帝顓頊高陽者，黃帝之孫，而昌意之子也」，亦以顓頊、高陽
爲一人，索隱引宋衷云：「顓頊、名，高陽、有天下號也。」又引張晏云：「高
陽者，所興地名也。」則高陽氏之高陽爲地名，與唐陶氏之唐陶，有虞氏之

虞同例。

2317、雛甥（莊六）

　　案：左莊六鄧「雛甥、聃甥、養甥請殺楚子……三甥曰……」杜注：「皆鄧甥仕於舅氏也。」釋甥爲姊妹之子，楊注：「年表作『鄧甥曰：楚可取』云云，則太史公以三甥之甥乃親戚之稱。」狐偃爲重耳之舅，字犯，國語晉語四及禮記檀弓下皆稱其爲「舅犯」，以親屬稱謂冠於字上，則雛甥之甥，蓋亦親屬之稱謂也。

2318、雛歜（僖十）——晉

　　案：左僖十載晉「殺左行共華、右行賈華、叔堅、雛歜……」，則雛歜爲晉人。

2319、魏戊（昭二十八）、戊（昭二十八）——晉

　　案：左昭二十八「魏戊爲梗陽大夫」，杜注：「戊，魏舒庶子。」謂魏戊爲魏舒庶子，則魏、其氏也，傳載魏舒曰「吾與戊也縣」，魏舒稱其子爲戊，則戊、其名也。

2320、魏相（成十八）、呂相（成十三）——晉

　　案：左成十八「使魏相……爲卿」，杜注：「相、魏錡子。」則魏、其氏也，相蓋其名也。左成十三「晉侯使呂相絕秦」，杜注：「呂相，魏錡子。」呂相即魏相，以魏錡又稱呂錡，見2326魏錡條，故其子亦以呂爲氏，稱呂相也。

2321、魏曼多（定十三）、魏襄子（定十三）——晉

　　案：左定十三「魏襄子亦與范昭子相惡」，杜注：「襄子，魏舒孫曼多也。」謂魏襄子即魏曼多，爲魏舒孫，則魏、其氏也，襄蓋其謚也。左哀七經「晉魏曼多帥師侵衛」，經多書名，曼多當是其名。

2322、魏絳（成十八）、絳（襄三）、魏莊子（襄四）、莊子（襄十四）——晉

　　案：左成十八「魏絳爲司馬」，杜注謂魏絳爲「魏犨子」，則魏、其氏也。左襄三晉悼公稱其曰「魏絳」，羊舌赤對晉悼公亦稱「絳」，則絳爲其名。左襄四稱魏莊子，莊蓋其謚也。

2323、魏舒（襄二十三）、魏獻子（襄二十三）、獻子（襄二十三）、魏子（昭二十八）——晉

案：左襄二十三「欒盈帥曲沃之甲，因魏獻子以晝入絳」，杜注：「獻子，魏舒。」同傳杜注又謂魏舒之父即魏絳，則魏、其氏也，舒爲其名或字。獻蓋其謚也。

2324、魏壽餘（文十三）、壽餘（文十三）——晉

案：左文十三「乃使魏壽餘僞以魏叛者以誘士會」，杜注：「魏壽餘，畢萬之後。」孔疏云：「閔元年晉侯賜畢萬魏，魏犨者，萬之孫，爲魏之世適，壽餘爲魏邑之主，當是犨之近親，故云畢萬之後。」則魏、其氏也。同傳稱壽餘，壽餘當是其名。

2325、魏頡（成十八）——晉

案：左成十八「使魏相、士魴、魏頡、趙武爲卿」，杜注：「頡，魏顆子。」則魏、其氏也。楊注云：「魏頡、魏顆之子，晉語七稱之爲令狐文子，令狐其食邑，文子其謚也。」

2326、魏錡（宣十二）、廚武子（宣十二）、廚子（宣十二）、呂錡（成十六）——晉

案：左宣十二「魏錡求公族未得」，杜注：「錡，魏犨子。」則魏、其氏也。傳又稱「廚武子御」，杜注：「武子，魏錡。」武蓋其謚，稱廚者，洪亮吉春秋左傳詁七云：「廚當屬武子采邑。」並謂左僖十六「狄侵晉，取狐廚」之廚即其地。春秋時晉卿大夫多以地爲氏，每受一地即爲之改稱，參頁一七，則其說蓋是。傳既稱廚武子，又稱廚子，依左傳人物稱謂之通例，廚爲其氏。左成十六「呂錡夢射月」，杜注：「呂錡、魏錡。」呂蓋亦其氏，故其子亦稱呂相。呂疑亦是晉邑，左僖十呂甥蓋食采於呂，詳1819瑕呂飴甥條。傳二十四年呂甥誅，呂錡或受其邑，故以爲氏。

2327、魏顆（宣十五）、顆（宣十五）——晉

案：左宣十五「魏顆敗秦師于輔氏……初，魏武子有嬖妾，無子，武子疾，命顆曰：必嫁是」，杜注：「武子，魏犨，顆之父。」則魏顆爲魏犨之子，魏、其氏也，顆蓋其名也。

2328、魏犨（僖二十七）、魏武子（僖二十三）、武子（宣十五）——晉

案：左僖二十三「從者狐偃、趙衰、顚頡、魏武子……」，杜注：「武子，魏犨。」魏犨爲晉畢萬之孫，左閔元載晉獻公滅魏，以魏賜畢萬，故畢萬孫魏犨以魏爲氏，此即晉三家魏之先也，詳1545畢萬條。其稱魏武子，武蓋其謚也。

2329、鯀（僖三十三）

案：左僖三十三「舜之罪也，殛鯀，其舉也，興禹」，杜注：「禹，鯀子。」則鯀、禹父也。

十九畫

2330、劐般（哀十七）——宋

案：左哀十七「而奪其兄劐般邑以與之」，劐般之劐，會箋本作鄮，說文云：「鄮，宋地也。」段注引左傳此文，並云：「鄮者，般之邑也。」然則鄮蓋般之食邑，以邑爲氏，故曰鄮般也。

2331、廬戡黎（文十四）——楚

案：左文十四「廬戡黎及叔麇誘之」，杜注：「戡黎，廬大夫。」廬國滅於楚，此時爲楚邑，參0121子揚窻條。故左文十六載楚師伐庸，經廬，而使「廬戡黎侵庸」也，戡黎蓋其名。左文十四楊注云：「梨，阮刻本作黎，今從校勘記，敦煌六朝寫本及金澤文庫本訂正。」謂黎當作梨。

2332、懷嬴（僖二十三）、嬴氏（僖二十二）、辰嬴（文六）——晉

案：左僖二十三「懷嬴與焉」，杜注：「子圉妻。」此晉懷公子圉在秦爲質時之妻，子圉逃歸晉國爲君後，秦穆公又將其改嫁晉文公重耳。稱懷嬴者，杜注云：「子圉諡懷公，故號爲懷嬴。」則以夫諡配母家姓爲稱也。其稱辰嬴者，左文六楊注云：「後又嫁文公，故今改謂爲辰嬴，辰或其諡也。」謂稱辰嬴者，以己諡配母家姓爲稱也。會箋云：「或曰：辰疑當作秦，秦嬴猶言齊姜也。」則謂辰嬴爲秦嬴之誤，以母家國名配母家姓之稱也。

2333、疇無餘（哀十三）——越

案：左哀十三「越子伐吳……疇無餘，謳陽自南方」，杜注：「二子，越大夫。」

2334、羅（昭二十）——宋

案：左昭二十「向寧之子羅」，則此宋向寧之子也。

2335、譚子（莊十經）——譚

案：左莊十經「齊師滅譚，譚子奔莒」，杜注：「譚國在……」，以譚爲國名，則譚子爲譚國之君。

2336、獷（襄四）

案：左襄四寒浞「生澆及獷」，則獷爲寒浞之子。

2337、蹶由（昭五）──吳

　　案：左昭五「吳子使其弟蹶由犒師」，則蹶由為吳子夷末之弟。

2338、邊卬（昭二十二）──宋

　　案：左昭二十二宋公使「邊卬為大司徒」，杜注：「卬，平公曾孫。」通志氏族略第三引或說云：「宋平公子御戎字子邊，以王父字為氏，孫卬為司徒。」謂邊為其氏也。

2339、邊伯（莊十九）──周

　　案：左莊十九「邊伯之宮近於王宮」，杜注：「邊伯，周大夫。」楊注云：「盂鼎銘有『惟殷邊侯田』一語，劉心源奇觚室吉金文述卷二引路史國名紀，謂邊為商時侯國，此邊伯或其後裔。」

2340、難（文元）、惠叔（文七）──魯

　　案：左文元載公孫敖請叔服相其二子，叔服曰「穀也食子，難也收子」，杜注：「穀，文伯；難，惠叔。」而左文十四亦載公孫敖二子之事云：「文伯疾，而請曰『穀之子弱，請立難也』，許之，文伯卒，立惠叔」，文伯請於魯朝廷，自稱穀，則穀其名也，稱其弟為「難」，則難亦當為名。難稱惠叔，惠其諡，叔則其行次。

2341、靡（襄四）

　　案：左襄四「靡奔有鬲氏」，杜注：「靡，夏遺臣，事羿者。」會箋則據竹書，稱靡為伯靡，謂伯靡乃夏之老臣，並無臣羿之事。

2342、顛頡（僖二十三）──晉

　　案：左僖二十三重耳奔狄「從者狐偃、趙衰、顛頡……」，則顛頡為晉人。

二十畫

2343、獻（桓六）──魯

　　案：左桓六「先君獻、武廢二山」，獻即魯獻公，杜注：「魯獻公名具。」

2344、獻大子（昭十二）──周

　　案：左昭十二「殺獻大子之傅庾皮之子過」，杜注謂獻大子為「劉獻公大子」，會箋云：「獻大子書法不似獻公大子，疑是大子壽之諡。」以為獻大子或即左昭十五周景王之子王大子壽，並以獻為其諡，楊注之說同。今暫分為二條。

2345、籍丘子鉏（定八）、子鉏（定八）——齊

案：左定八「籍丘子鉏擊之」，杜注：「子鉏，齊人。」通志氏族略第三「以邑為氏」下列齊籍丘氏，云：「齊大夫籍丘子鉏。」以籍丘為其氏。

2346、籍秦（昭二十七）——晉

案：左昭二十七「晉籍秦致諸侯之戍于周」，杜注：「籍秦，籍談子。」左昭十五年孔疏引世本，謂籍游生籍談，籍談生籍秦，則籍，其氏也。秦為其名或字。

2347、籍偃（成十八）——晉

案：左成十八「籍偃為之司馬」，杜注謂籍偃為「籍談父」，左昭十五周景王謂其先人孫伯黶「司晉之典籍」，故以籍為氏，則籍偃之籍，其氏也。左昭十五孔疏引世本謂籍談父為籍游，見 2348 籍談條，與此稱籍偃者不同，何也？古人名偃多字游，如左傳鄭公子偃、駟偃皆稱子游，晉荀偃稱伯游，史記仲尼弟子列傳謂言偃「字子游」，說文㫃字下云：「㫃、旌旗之游㫃蹇之皃……讀若偃古人名㫃字子游。」段注云：「偃行而㫃廢。」則偃本當作㫃，為旌旗之游㫃蹇之貌，故古人以㫃為名，以游為字，名字相應，然則籍偃名偃字游，左傳稱籍偃，以氏配名也，世本稱籍游，以氏配字也。

2348、籍談（昭五）、叔氏（昭十五）、籍父（昭十五）——晉

案：左昭十五「晉荀躒如周葬穆后，籍談為介」，則籍談為晉人。同傳載周景王述籍談之先祖及得氏之由云「昔而高祖孫伯黶司晉之典籍，以為大政，故曰籍氏」，則籍談氏籍。通志氏族略第四謂籍氏「以官為氏」，據左傳，則以所司之事物為氏也。同傳孔疏引世本詳其世次云：「黶生司空頡，頡生南里叔子，子生叔正官伯，伯生司徒公，公生曲沃正少襄，襄生司功大伯，伯生侯季子，子生籍游，游生談，談生秦。」籍游、籍秦皆見左傳。傳又載周景王稱荀躒為「伯氏」，稱籍談為「叔氏」，杜注：「叔，籍談字。」叔為籍談之行次。天子於諸侯之卿大夫，以其行次配「氏」字為稱，諸侯於其卿大夫亦同，如左宣十五晉侯稱荀林父曰伯氏，云：「微子，吾喪伯氏矣」，荀林父又稱荀伯，中行伯，其弟曰荀首，又稱知季，參 1396 荀林父條，可證伯氏之伯，當是行次。左宣十六周天子稱士會為季氏，云「王聞之，召武子曰：季氏……」，士會又稱士季、隨季，參 0018 士會條，可證季氏之季當是其行次。左昭十五周天子稱荀躒為伯氏，云「王曰：伯氏……」，荀躒又稱文伯，參 1409 荀躒

條，可證伯氏之伯當是其行次。由上三例例之，則此周天子稱籍談叔氏，叔
當亦其行次，杜注謂叔爲籍談行次，是也；會箋駁杜注云：「晉與周同姓，而
荀躒爲卿，籍談副之，即大夫也，故稱躒爲伯氏，談爲叔氏，猶齊異姓，稱
管仲爲舅氏耳。叔若籍談字，則伯亦躒字，舅夷吾字乎？不通。」以爲天子
稱同姓諸侯之卿爲伯氏，大夫爲叔氏，其說非。天子稱管仲爲舅氏，以其爲
異姓諸侯之卿大夫也；天子稱同姓諸侯之卿大夫，則以其行以配「氏」爲稱，
若以稱卿爲伯氏，稱大夫爲叔氏，則周天子稱士會爲季氏，豈士會之爵爲士
乎？左宣十六已載「晉侯請於王……以黻冕命士會將中軍」，則士會固上卿
也，由晉侯稱荀林父爲伯氏，天子稱士會爲季氏，荀躒爲伯氏，皆稱其行次，
可知稱籍談爲叔氏，叔亦其行次也。周景王又稱籍談爲籍父，會箋云：「籍父
與二十九年有裔子曰董父一例。」然據傳，董父爲以姓配父之稱，此籍父則
以氏配父之稱，父者，男子之通稱或美稱也。

2349、蘇忿生（隱十一）──溫

案：左隱公十一「而與鄭人蘇忿生之田」，杜注：「蘇忿生，周武王司寇
蘇公也。」蘇爲其封邑或其先人之封邑而以爲氏者，故以氏配名曰蘇忿生，
參1708溫子條。

2350、闞止（哀六）、子我（哀十四）──齊

案：左哀六「闞止知之」，杜注：「闞止，陽生家臣子我也。」謂闞止爲
齊公子陽生家臣子我，左哀十四即稱子我。解詁：「齊闞止，字子我。」並云：
「我讀爲儀……止與儀同義。」以爲名字相應。

2351、鰌（昭十二）、甘平公（昭二十二）──周

案：左昭十二周劉獻公等「殺甘悼公而立成公之孫鰌」，杜注：「鰌，平
公。」則鰌即甘成公之孫平公也。左昭二十二稱甘平公；甘，其氏也；平當
是其謚，鰌或其名。

2352、黨叔（襄二十九）──魯

案：左襄二十九魯「鄫鼓父、黨叔爲一耦」，左通補釋二十引萬氏氏族略
云：「魯有黨氏（原注：莊三十二），黨叔其後也。」以黨叔之黨爲其氏。叔、
蓋其行次。

二十一畫

2353、酈尹午（昭十二）──楚

案：左昭十二楚子使「䤲尹午……圍徐」，杜注：「楚大夫。」春秋大事表十以䤲尹爲楚官名。午爲其名或字。

2354、攜王（昭二十六）──周

案：左昭二十六「攜王奸命」，杜注：「攜王，幽王少子伯服也。」孔疏謂：「汲冢書紀年云：平王奔西申，而立伯盤以爲大子，與幽王俱死於戲，先是申侯、魯侯及許文公立平王於申，以本大子，故稱天王。幽王既死，而虢公翰又立王子余臣於攜，周二王並立，二十一年攜王爲晉文公（琛案：當爲晉文侯）所殺，以本非適，故稱攜王。」又引晉束皙之說云：「案左傳攜王奸命，舊說攜王爲伯服，伯服古文作伯盤，非攜王。」會箋據此云：「是攜王者，余臣也，攜王之攜，乃是地名，猶厲王流於彘，詩人謂之汾王。」其說是也。

2355、攝叔（宣十二）──楚

案：左宣十二「楚許伯御樂伯，攝叔爲右，以致晉師」，則攝叔爲楚人。

2356、纍虎（僖十）──晉

案：左僖十晉殺「纍虎……里，丕之黨也。」則纍虎爲晉人。

2357、蘧富獵（定十）、獵（定十）──宋

案：左定十「宋公子地嬖蘧富獵，十一分其室，而以其五與之」，杜注：「與富獵也。」杜注稱富獵，蓋以蘧爲其氏。衛有蘧瑗，以蘧爲氏，或與蘧富獵有關也。同傳宋景公母弟辰告公子地曰「子分室以與獵也」此兩字名而止稱其一，左傳人物名號中有其例，詳頁二四。

2358、蘧瑗（襄二十九）、蘧伯玉（襄十四）、伯玉（襄二十六）、瑗（襄二十六）──衛

案：左襄十四「蘧伯玉曰」，杜注：「伯玉，蘧瑗。」左襄二十九稱蘧瑗，呂氏春秋召類篇高注：「伯玉，衛大夫，蘧莊子無咎之子瑗，諡曰成子。」謂蘧伯玉爲蘧無咎之子，則蘧，其氏也。左襄二十六載蘧伯玉曰「瑗不得聞君之出」，自稱瑗，則瑗爲其名。解詁云：「衛蘧瑗，字伯玉。」以瑗爲其名，伯玉爲其字。

2359、鄖魁壘（哀二十七）──晉

案：左哀二十七「鄭人俘鄖魁壘」，杜注：「鄖魁壘，晉士。」則爲晉人也。

2360、酆舒（文七）──潞

案：左宣十五「潞子嬰兒之夫人，晉景公之姊也。酆舒為政而殺之」，杜注：「酆舒，潞相。」謂酆舒為潞國之相也。

2361、鐸父（襄二十五）──齊

案：左襄二十五崔杼弒齊莊公「鐸父……皆死」，杜注謂鐸父為「齊勇力之臣」。

2362、鐸遏寇（成十八）──晉

案：左成十八晉使「鐸遏寇為上軍尉」，通志氏族略第四云：「鐸遏氏……左傳晉上軍尉鐸遏寇。」以鐸遏為其複氏，其說不知何據。左傳人物有名禦寇者，楚屈禦寇、陳公子御寇、齊夏之御寇皆是也，遏寇蓋與禦寇同義，或其名歟？

二十二畫

2363、囊瓦（昭二十三）、子常（昭二十三）、令尹子常（昭二十六）、瓦（昭二十七）、楚瓦（定四）──楚

案：左昭二十三「楚囊瓦為令尹」，杜注：「囊瓦，子囊之孫子常也。」子囊即楚公子貞，囊為其字，則囊瓦以王父字為氏。左昭二十七子常曰「是瓦之罪」，自稱瓦，則瓦為其名。解詁云：「楚囊瓦，字子常。」以瓦為其名，子常為其字。因其為令尹，故稱令尹子常。左定四傳吳夫槩王曰「楚瓦不仁」，稱其曰楚瓦者，以其為楚君之後，國名即其氏，因以冠名上為稱也，參頁五。

2364、懿氏（莊二十二）──陳

案：左莊二十二「懿氏卜妻敬仲」，杜注：「懿氏，陳大夫。」懿蓋其人之氏。

2365、懿伯（昭三）──魯

案：左昭三「遇懿伯之忌」，杜注云：「懿伯，椒之叔父。」謂懿伯為魯子服椒之叔父，而杜氏世族譜子服氏下首列懿伯，稱其曰子服，次列子服椒，則以懿伯為子服椒之父，據世本，椒之父為孝伯，參0102子服何條，則懿伯蓋椒之叔父。

2366、糴茷（成十）──晉

案：左成十「晉侯使糴茷如楚」，杜注：「糴茷，晉大夫。」

2367、饔人檀（昭二十五）——魯

案：左昭二十五「及季姒與饔人檀通而懼」，杜注：「饔人，食官。」釋文云：「檀……人名也。」

2368、饕餮（文十八）

案：左文十八「縉雲氏有不才子……天下之民……謂之饕餮」，則饕餮爲縉雲氏之子。

2369、鬻姒（哀五）——齊

案：左哀五「諸子鬻姒之子荼嬖」，杜注：「鬻姒，景公妾。」春秋時婦女繫姓，姒爲其母家姓。左傳婦女名號有於母家姓上冠母家國名母家氏等，鬻不知爲何者。

2370、鬻拳（莊十九）、大伯（莊十九）——楚

案：左莊十九「楚子……還，鬻拳弗納」，杜注：「鬻拳，楚大閽。」傳云「楚人以爲大閽，謂之大伯」，此杜注所本。孔疏云：「謂之大伯，伯、長也，爲門官之長。」會箋云：「伯，長也，不敢呼閽，謂之大伯……與謂之京城大叔同。」

2371、鬻熊（僖二十六）

案：左僖二十六「夔子不祀祝融與鬻熊」，史記楚世家云：「周文王之時，季連之苗裔曰鬻熊，鬻熊子事文王……熊繹當周成王之時，舉文、武勤勞之後嗣，而封熊繹於楚蠻。」孔疏據此謂鬻熊爲「楚之遠祖」。

2372、鱄（成十四）、子鮮（襄十四）——衛

案：左襄二十七「衛侯之弟鱄出奔晉」，則鱄爲衛獻公之弟。傳云：「子鮮曰『……且鱄實使之』」，自稱鱄，則鱄，其名也，鮮爲其字。解詁云：「呂氏春秋本味篇『魚之美者，洞庭之鱄』，高注曰：『鱄，魚名。』鮮，說文作鱻，云『新魚精也』。」以爲名鱄字鮮，名字相應，而穀梁鱄作專，當爲假借字，或省偏旁耳。

2373、鱄設諸（昭二十）——吳

案：左昭二十五員「乃見鱄設諸焉」，杜注：「鱄諸，勇士。」通志氏族略第二：「鄟氏，魯附庸國，成六年，魯取之，子孫以國爲氏，去邑作專，又作鱄，剌客專諸，亦作鱄諸，即其裔也。」謂鱄爲其氏，蓋是，然謂鱄氏以國爲氏，則未知是否。史記刺客列傳云「專諸者，吳堂邑人也」，作專諸，公

羊吳越春秋亦同，文選子虛賦作剚諸，而左傳作鱄設諸，多一設字，左通補釋二十六云：「設，語詞，故杜氏祇稱鱄諸。」其說是也。古人氏與名字間有助詞，詳頁五三。

二十三畫

2374、夔子（僖二十六經）──夔

案：左傳二十六經「楚人滅夔，以夔子歸」，杜注：「夔，楚同姓國。」夔子即夔國之君。

2375、欒弗忌（成十五）──晉

案：左成十五晉殺「欒弗忌」，杜注：「晉賢大夫。」通志氏族略第四云：「弗忌者，靖侯之玄孫也。」左桓二載靖侯之孫曰欒賓，其後爲晉欒氏，此稱欒弗忌蓋欒賓之後也，故春秋分記世譜二，陳氏世族譜、春秋大事表十二上，皆列欒弗忌於晉欒氏下，此外又列欒京廬、欒魴、欒豹等，以欒爲其氏。弗忌蓋其名。

2376、欒共叔（桓三）──晉

案：左桓三「及欒共叔」，杜注：「欒賓之子也。」則欒爲其氏，參 2386 欒賓條。欒共叔，國語晉語一作「欒共子」，並載其言「成聞之」，自稱成，則成爲其名。共爲其謚，叔蓋其行次也。

2377、欒京廬（宣十七）──晉

案：左宣十七晉郤克「使欒京廬待命于齊」，杜注：「欒京廬，郤克之介。」十欒蓋其氏也，參 2375 欒弗忌條。京廬或其名也。

2378、欒枝（僖二十七）、欒貞子（僖二十八）──晉

案：左僖二十七趙衰「讓於欒枝」，杜注：「欒枝，貞子也，欒賓之孫。」史記晉世家集解引賈逵之說曰：「欒枝，欒賓之孫。」國語晉語四韋注云：「枝，晉大夫欒共子之子貞子也。」據此，則欒枝爲欒賓之孫，欒共叔之子，欒爲其氏，稱貞子，貞蓋其謚也。

2379、欒祁（襄二十一）、祁（襄二十一）──晉

案：左襄二十一「欒祁與其老州賓通」，杜注：「欒祁，桓子妻、范宣子女，盈之母也，范氏，堯後，祁姓。」謂欒祁爲欒黶妻，欒盈之母，范宣子之女，范氏爲祁姓，以夫家氏配母家姓，故曰欒祁也。傳又稱其曰「祁」，單稱其母家姓也。

2380、欒施（昭十經）、子旗（昭二）──齊

案：左昭二韓起至齊「見子雅，子雅召子旗，使見宣子」，杜注：「子旗，子雅之子。」子雅即公孫竈，見 0403 公孫竈條。呂氏春秋慎行篇高注謂：「公孫竈，惠公之孫，公子欒堅之子。」通志氏族略第三云：「欒氏……惠公子堅，字子欒，是以字爲氏者。」則子旗爲公子堅之孫，以王父字欒爲氏，故左昭十經稱「欒施」，杜注欒施云：「妻名。」以施爲其名，說文施字下云：「齊欒施，字子旗。」以施爲其名，子旗爲其字。解詁同。

2381、欒盈（襄十六）、盈（襄十四）、欒懷子（襄十九）、懷子（襄二十一）、　欒孺子（襄二十三）──晉

案：左襄二十一「欒桓子娶於范宣子，生懷子」，杜注：「桓子，欒黶，懷子，盈也。」則欒盈爲欒黶之子，欒，其氏也。左襄二十一欒盈辭於周行人曰「天子陪臣盈」，自稱盈，則盈爲其名。其稱懷子，懷當是其謚也。襄二十三載晉胥午稱其曰欒孺子，會箋云：「孺子，幼少之稱……古者，雖君之子，少年則呼之曰孺子。」此疑非是，由左傳人物名號考察，諸侯及卿大夫之子已定爲嗣立者，或父死繼立不久者，乃稱孺子，時人稱欒盈爲欒孺子，以其父死繼立不久也。詳頁五五。

2382、欒盾（文十二）──晉

案：左文十二「欒盾將下軍」，杜注：「欒枝子。」則欒盾之欒，其氏也。

2383、欒書（宣十二）、欒武子（宣十二）、欒伯（宣十二）、書（成二）、　武子（成六）──晉

案：左宣十二「欒書佐之」，杜注謂欒書爲晉「欒盾之子」，則欒爲其氏。左成二欒書對晉君曰「書何力之有焉」，自稱書，則書，其名也。其稱武子，武蓋其謚。左宣十二趙朔稱其曰「欒伯」，伯蓋其行次也。

2384、欒豹（昭三）──晉

案：左昭三「州縣，欒豹之邑也」，杜注：「豹，欒盈族。」則欒豹之欒爲其氏。

2385、欒寧（哀十五）──衛

案：左哀十五「孔氏之老欒寧問之」，謂欒寧爲衛孔氏之老，則欒寧爲衛人。春秋晉有欒氏，滅於襄公二十三年，傳載欒氏有出奔他國者，不知此欒寧是否氏欒？又是否爲晉欒氏之後？

2386、欒賓（桓二）──晉

　　案：左桓二「晉……封桓叔于曲沃，靖侯之孫欒賓傅之」，據史記晉世家，靖侯爲晉君，欒賓爲靖侯之孫，則欒賓爲公孫矣。孔疏云：「此人之後遂爲欒氏，蓋其父字欒。」謂欒賓之父字欒，故欒賓之後人以欒爲氏。孔疏以欒賓之欒爲追稱，不以欒賓即氏欒者，此囿於公孫之子以王父字爲氏之說，以公子、公孫不得有氏也，其說非，詳頁十七，欒賓之欒或即其氏。孔疏據「孫以王父字爲氏」之說，推欒賓之欒爲其父字，欒氏爲以字爲氏者，而通志氏族略第三云：「欒氏……晉靖侯孫欒賓食邑，趙州平棘西北十六里古欒城是其地，以邑爲氏。」則以欒氏爲以邑爲氏者也。欒賓爲晉欒氏之祖，其後有欒共叔、欒枝、欒盾、欒書等。晉世家正義引世本云：「欒叔，賓父也。」左桓二楊注據此云：「則賓父是欒叔之字。」此亦未必。春秋時人固有以字配「父」爲稱，亦有以名配「父」爲稱，詳頁二三。賓或其名，以氏配名曰欒賓，以名配父曰賓父也。

2387、欒樂（襄二十三）、樂（襄二十三）──晉

　　案：左襄二十三范鞅「遇欒樂，曰『樂免之』」，杜注謂欒樂爲欒盈之族，則欒，其氏也，樂或其名。

2388、欒魴（襄十九）──晉

　　案：左襄十九「晉欒魴帥師從衛孫文子伐齊」，杜注：「欒魴，欒氏族。」則欒，其氏也。

2389、欒鍼（成十三）、鍼（成十六）──晉

　　案：左成十三「欒鍼爲右」，杜注：「欒鍼，欒書子。」則欒，其氏也。左成十六欒鍼使行人造于子重曰「使鍼御持矛」，自稱鍼，則鍼，其名也。

2390、欒黶（成十六經）、欒伯（襄十四）、黶（襄十四）、欒桓子（襄二十一）、桓子（襄二十一）、桓主（襄二十一）──晉

　　案：左成十六經「晉侯使欒黶來乞師」，杜注：「黶，欒書子。」則欒，其氏也。經多書名，黶蓋其名也。左襄二十一其子欒盈告周天子之行人，稱其父曰「黶」君前臣名，天子之前更應稱其父之名，則黶，其名也。左襄二十一稱欒桓子，桓子，桓蓋其諡也。同傳其妻欒祁稱其曰「桓主」，以諡配主字爲稱者，楊伯峻云：「晉語八云：『三世仕家君之，再世以下主之。』」其意三代爲大夫家臣者，稱大夫爲君；一代或兩代爲大夫家臣者，則稱爲主。但就左傳而論，則不盡如此。成公以前，於大夫俱稱君，襄公而後，則對大夫

屢稱主。不僅家臣於大夫稱主，如此巫皋於荀偃，又如曲沃人於欒盈，成鱄、魏戊於魏舒，史墨、公孫尨於趙鞅，皆非家臣，亦皆稱主，甚至欒祁於士匄，父也，於欒黡，夫也，皆稱主。秦醫和於趙武，衛大子蒯聵於趙鞅，他國之人也，亦稱人爲主，即同列之人，亦有稱主箸，如士匄於荀偃，趙鞅於荀躒是也。」見春秋左傳注頁一〇三六，據楊氏所考，則春秋後期人普遍對卿大夫之家宗子稱主，故欒祁於其夫亦以謚配主，而稱「桓主」矣！左襄十四魏莊子稱其曰「欒伯」，伯蓋其行次也。

2391、鼢（昭二十二）——周

案：左昭二十二「單子殺還、姑、發、弱、鼢……」，楊注謂鼢爲周之王子，鼢爲其名，參 0477 王子還條。

2392、鼢蔑（襄二十五）——齊

案：左襄二十五崔杼弒齊莊公，「殺鼢蔑於平陰」，杜注：「鼢蔑，平陰大夫。」謂鼢蔑爲齊平陰大夫，左通補釋十八云：「莊公母鼢聲姬，此鼢蔑必是母黨，故使之守平陰，崔杼慮其據險作亂，誘而殺之，以弭後患。」謂鼢蔑爲鼢聲姬之族，鼢聲姬爲魯女，鼢蔑蓋隨鼢聲姬仕于齊，而齊莊公以鼢蔑爲母家人，倚爲心腹，使守險邑平陰，崔杼既弒莊公，懼其據險作亂，故殺之，此說可從。鼢當是其氏，蔑爲其名或字。

2393、鼢聲姬（襄十九）——齊

案：左襄十九「齊侯娶于魯，曰顏懿姬，無子，其姪鼢聲姬生光，以爲大子」，則鼢聲姬爲魯女，齊莊公之母也。杜注：「顏、鼢皆二姬母姓，因以爲號，懿、聲皆謚。」謂鼢聲姬之聲爲其謚，又謂鼢爲其「母姓」。鼢當是其母家氏，左昭二十五魯叔孫氏之司馬曰鼢戾，蓋即以鼢爲氏，左襄二十五齊平陰大夫曰鼢蔑，梁履繩以爲即鼢聲姬之族，詳 2392 鼢蔑條，則魯有鼢氏矣，故曰鼢聲姬者，以母家氏配謚配母家姓之稱也。

2394、鱗朱（成十五）——宋

案：左成十五宋「鱗朱爲少司寇」，杜注：「鱗瓘孫。」謂鱗朱爲鱗瓘孫，而孔疏引世本云：「桓公生公子鱗，鱗生東鄉瓘，瓘生司徒文，文生大司寇子奏，奏生小司寇朱也。」據此，則鱗朱爲鱗瓘曾孫而非孫，然二說皆以鱗朱爲鱗瓘之後，則鱗，其氏也。又據世本，鱗瓘、鱗朱以其先人公子鱗之「鱗」字爲氏。

2395、鱗矔（文七）──宋

　　案：左文七宋「鱗矔爲司徒」，杜注：「桓公孫。」謂鱗矔爲宋桓公之孫，左成十五孔疏引世本云：「桓公生公子鱗，鱗生東鄉矔……」則鱗矔以其父公子鱗之鱗爲氏也，其後有鱗朱，見 2394 鱗朱條。左文十六「鱗鱹爲司徒」，矔作鱹，校勘記云：「石經、宋本、岳本鱹作矔，釋文同，是也。」則作鱹者，譌字也。

二十四畫

2396、羈（昭七）──衛

　　案：左昭七「余使羈之孫圉與史苟相之」，杜注：「羈，烝鉏子。」謂羈爲衛大夫孔烝鉏之子也。

2397、鑪金（定四）──楚

　　案：左定四「鑪金初官于子期氏」，校勘記謂鑪當作鑪，官當作宦，會箋云：「鑪，姓；金，名。」

2398、靈不緩（哀二十六）、左師（哀二十六）──宋

　　案：左哀二十六宋「靈不緩爲左師」，杜注：「不緩，子靈圍龜之後。」謂靈不緩爲宋文公之子公子圍龜之後，公子圍龜字靈，見 0242 公子圍龜條，後人以其字爲氏，杜注謂靈不緩爲其後，則靈，其氏也。不緩，蓋其名。

2399、靈王（襄十二）、周王（襄二十八）、靈（昭二十二）、頯王（昭二十六）──周

　　案：左襄十二「靈王求后于齊」，此周靈王，靈當是其謚也。左昭二十六「秦人降妖，曰：周其有頯王……至于靈王，生而有頯」，說文云：「頯，口上須也。」則靈王以生而有頯，故曰頯王。

2400、靈姑浮（定十四）──越

　　案：左定十四「靈姑浮以戈擊闔廬」，杜注云：「姑浮，越大夫也。」杜注稱姑浮，以靈爲其氏歟？

2401、靈輒（宣二）──晉

　　案：左宣二「見靈輒餓」，杜注：「靈輒、晉人。」

2402、鬭丹（桓八）──楚

　　案：左桓八「鬭丹獲其戎車」，杜注：「鬭丹，楚大夫。」陳氏世族譜及

春秋大事表十二下於楚鬭氏下皆列鬭丹，以鬭爲其氏。又列鬭御彊、鬭梧、鬭緡、鬭章，亦以鬭爲此諸人之氏。

2403、鬭伯比（桓六）、伯比（宣四）──楚

案：左宣四「若敖娶于䢵，生鬭伯比」，則鬭伯比爲楚君若敖之子，楊注謂鬭伯比之父若敖，非楚君若敖，其說或非，見 1216 若敖條。傳又稱「伯比」，則鬭蓋其氏也。左桓六「鬭伯比」，會箋云：「鬭氏，芈姓……若敖之後，亦必以邑爲氏，其地未詳。」同傳楚蔿章，潛夫論志氏姓以爲楚君蚡冒之子，亦以邑爲氏，後人氏蔿，見 2298 蔿章條。鬭伯比之後爲鬭氏，鬭穀於菟其子也，鬭般、鬭椒，其孫也。

2404、鬭克（僖二十五）、子儀（僖二十五）、申公子儀（僖二十五）──楚

案：左僖二十五「楚鬭克，屈禦寇以申、息之師戍商密」，杜注：「鬭克，申公子儀。」同傳即稱其爲申公子儀，又稱子儀，其稱申公者，楚守縣大夫曰公，以其爲申縣之縣大夫，故曰申公。其稱子儀者，儀爲其字，古人名克多字儀，參 1226 郤子克條，其稱子儀者，以男子美稱子字冠字上而成之通行名號也，故國語楚語上稱其爲儀父，可証儀爲其字，父亦字下所殿男子美稱之詞。楚語上又稱其爲子儀父，則以字配二美詞也。

2405、鬭成然（昭十四）、成然（昭十三）、蔿成然（昭十三）、子旗（昭十三）、令尹子期〔旗〕（昭十三）──楚

案：左昭十三「又奪成然邑」，杜注：「成然，韋龜子。」謂鬭成然爲鬭韋龜之子，其說是也。同傳「鬭韋龜屬成然焉」，謂屬其子於楚公子棄疾，故成然氏鬭，左昭十四即謂之鬭成然。通志氏族略第三：「楚有鬭成然，食采於蔿，曰蔿成然，其後以邑爲氏。」則蔿亦其氏也。傳又稱「使子旗爲令尹」，杜注：「子旗，蔿成然。」解詁：「楚鬭成然，字子旗。」以成然爲其名，子旗爲其字。傳又稱其「令尹子期」，校勘記辨云：「石經、宋本，宋殘本、淳熙本、岳本、足利本，期作旗。」則令尹子期之期，當是旗之誤。

2406、鬭辛（昭十四）、鄖公辛（定四）、辛（定四）──楚

案：左昭十四「楚子殺鬭成然……使鬭辛居鄖」，杜注：「辛，子旗之子鄖公辛。」子旗即鬭成然，則鬭辛即鬭成然之子，鬭、其氏也。楚縣大夫稱公，詳頁五一，以其居鄖，故左定四稱鄖公辛。同傳又稱其曰辛，辛爲其名或字。

2407、鬬宜申（僖二十六）、宜申（僖二十一）、司馬子西（僖二十六）、子
　　　西（僖二十八）——楚

　　案：左僖二十一經「楚人使宜申來獻捷」，楊注：「宜申，即鬬宜申。」
左文十經「楚殺其大夫宜申」，傳則稱鬬宜申、子西，經多書名，則宜申，其
名也。春秋分記世譜七謂：「世族譜以宜申爲鬬廉孫。」陳氏世族譜及春秋大
事表十二下楚鬬氏下亦皆列鬬宜申，則鬬，其氏也。解詁云：「楚鬬宜申，字
子西。」以宜申爲其名，子西爲其字。左僖二十六謂之司馬子西，蓋任司馬
之職，據春秋大事表十司馬爲楚官名，楚之書司馬始自此。

2408、鬬祁（莊四）——楚

　　案：左莊四「令尹鬬祁、莫敖屈重……」，陳氏世族譜及春秋大事表十二
下於楚鬬氏下皆列鬬祁，以鬬爲其氏。祁則其名或字。

2409、鬬勃（僖二十八）、子上（僖二十八）、令尹子上（僖三十三）——
　　　楚

　　案：左僖二十八「子玉使鬬勃請戰」，杜注：「鬬勃，楚大夫。」同傳「子
上將右」，杜注謂子上即鬬勃。解詁云：「楚鬬勃，字子上。」以勃爲其名，
子上爲其字。稱令尹子上者，令尹爲楚官名，以其任令尹之官，故稱令尹子
上。

2410、鬬韋龜（昭四）——楚

　　案：左昭四「使鬬韋龜與公子棄疾城之而還」，杜注：「韋龜，子文之玄
孫。」謂鬬韋龜爲楚鬬穀於菟之玄孫，則鬬，其氏也，韋龜爲其名。

2411、鬬般（宣四）、子揚（宣四）——楚

　　案：左宣四「鬬般爲令尹」，杜注：「般，子文之子子揚。」謂鬬般爲鬬
穀於菟之子子揚也，則鬬，其氏也。傳下文即稱子揚，解詁云：「楚鬬般，
字子揚。」以般爲其名，子揚爲其字。漢書敘傳：「班氏之先，與楚同姓，
令尹子文之後也。子文初生，棄於瞢中，而虎乳之……楚人謂虎『班』，其
子以爲號。」謂班氏爲鬬班之後，楚人謂虎曰班，子文乳於虎，其子以虎爲
號，稱鬬班。俞樾春秋名字解詁補義據此謂般、班古通用，鬬般即左莊二十
八、三十之鬬班，胡元玉駁春秋名字解詁之說同。此說疑非是。鬬般之父名
穀於菟，於菟即虎，據敘傳，其子鬬班之班亦虎之意，豈父子同名虎乎？父
因爲虎所乳，已名爲虎矣，子豈能復以父名爲名號？班氏之說或不可信，而
俞、胡二氏據其說，以鬬般即鬬班，亦疑非是，參0637申公鬬班條。

2412、鬭巢（定五）、巢（定四）──晉

案：左定四「鬭辛與其弟巢以王奔隨」，則巢為鬭辛之弟，左定五稱鬭巢，鬭、其氏也，巢為其名或字。

2413、鬭御彊（莊二十八）──楚

案：左莊二十八「子元、鬭御彊、鬭梧、耿之不比為帥」，鬭為其氏，參2402鬭丹條。御彊當是其名。

2414、鬭梧（莊二十八）──楚

案：左莊二十八楚「鬭御彊、鬭梧、耿之不比為帥」，鬭為其氏，參2402鬭丹條。

2415、鬭章（僖二）──楚

案：左僖二「楚伐鄭，鬭章囚鄭聃伯」，鬭為其氏，參2402鬭丹條。

2416、鬭椒（宣二）、伯棼（僖二十八）、椒（文九經）、子越椒（文九）、
　　　子越（文十六）、伯賁（襄二十六）──楚

案：左僖二十八「子玉使伯棼請戰」，杜注：「伯棼，子越椒也，鬭伯比之孫。」左宣四鬭伯比生子文，而司馬子良生子越椒，杜注謂子文為子良之兄，則子越椒為鬭伯比之孫，鬭縠於菟（子文）之姪，故左宣二稱鬭椒，則鬭、其氏也。左文九經「楚子使椒來聘」，經多書名，則椒為其名。傳稱子越椒，古人名字連言，皆先字後名，則越，其字也。左僖二十八及左宣四又稱之為「伯棼」，解詁云：「楚鬭椒、字伯棼，一字子越。」以椒為其名，伯棼，子越為其字。春秋時有一人兩字者，詳頁三〇。左襄二十六楚聲子云「若敖之亂，伯賁之子賁皇奔晉，晉人與之苗……苗賁皇曰」，伯賁即伯棼，賁、棼蓋字通，故其子苗賁皇，國語晉語六亦稱苗賁皇，晉語五則稱苗棼皇。或作棼、或作賁、與傳伯棼又作伯賁者同。其子稱賁皇，即以其字賁為氏，伯賁之伯，蓋其行次也。

2417、鬭廉（桓九）、鬭射師（莊三十）──楚

案：左莊三十楚「鬭射師諫」，杜注：「射師，鬭廉也。」孔疏謂杜氏世族譜以為「鬭射師、若敖子，鬭班、若敖孫」，據此則鬭射師即鬭廉，為若敖之子，與鬭班非一人。孔疏又引服虔云：「射師，若敖子鬭班也。」孔疏謂其說非，駁云：「射師被梏，不言舍之，何以得殺子元也，知射師與班必非一人也。」春秋分記，陳氏世族譜及春秋大事表十二下於楚鬭氏下，亦皆以鬭廉

即鬭射師，鬭班爲另一人，與杜、孔同，今依其說，鬭其氏也。

2418、**鬭穀於菟**（莊十）、**子文**（僖七）、**令尹子文**（宣四）——楚

　　案：左宣四「鬭伯比……從其母畜於邧，淫於邧子之女，生子文焉，邧夫人使棄諸夢中，虎乳之，邧子田，見之，懼而歸，以告，遂使收之，楚人謂乳穀，謂虎於菟，故命之曰鬭穀於菟……實令尹子文」，謂令尹子文爲虎所哺乳，楚人謂虎曰於菟，謂乳曰穀，故爲其命名曰「穀於菟」。穀，會箋本作縠，說文云：「縠，乳也。」當以作縠爲是。於菟之菟，漢書敘傳作「檡」，師古曰：「並音塗。」其父曰鬭伯比，此稱鬭穀於菟，則鬭，其氏也。漢書敘傳謂子文爲其字解詁亦云：「楚鬭穀於菟、字子文。」以穀於菟爲其名，子文爲其字，傳謂於菟爲虎，虎有文彩，因字文也。又左莊三十「鬭穀於菟爲令尹」，因其任令尹之官，故傳稱令尹子文。

2419、**鬭緡**（莊十八）——楚

　　案：左莊十八「使鬭緡尹之」，鬭爲其氏，參 2402 鬭丹條。

2420、**鬭懷**（定五）、**懷**（定四）——楚

　　案：左定五楚王「賞鬭辛……鬭懷」，又載子西曰「請舍懷也」，懷指鬭懷，君前當稱臣子之名，則懷蓋其名。其兄即鬭辛，見左定四，則鬭、其氏也。

2421、**觀丁父**（哀十七）——鄀

　　案：左哀十七「觀丁父若俘也」，則觀丁父爲鄀人。

2422、**觀虎**（定三）——晉

　　案：左定三鮮虞人「獲晉觀虎」，則觀虎乃晉人也。

2423、**觀起**（襄二十二）——楚

　　案：左襄二十二「楚觀起有寵於令尹子南」，又謂楚康王「輈觀起於四竟」，既稱楚觀起，則觀起當是楚人。左昭十三「觀起之死也，其子從在蔡」，則觀起、觀從爲父子。史記楚世家謂康王弟楚靈王「殺蔡大夫觀起，起子從亡在吳……」亦有觀起、觀從父子名號，而以觀起爲蔡大夫，所載觀起父子之事蹟與左傳全不同，不知何故。通志氏族略第五謂「釐子氏，出楚釐子觀起之後，芈姓……釐子即僖子」，謂觀起爲芈姓，則觀起爲楚人，非史記所謂蔡大夫也。

2424、觀從（昭十三）、從（昭十三）、子玉（昭十三）——楚

案：左昭十三「觀起之死也，其子從在蔡」，則觀從為觀起之子，傳下文即稱觀從，則觀，其氏也。同傳「子玉曰」，杜注：「子玉，觀從。」解詁云：「楚觀從，字子玉。」以從為其名，子玉為其字。

2425、觀瞻（哀十八）——楚

案：左哀十八「觀瞻曰」，杜注云：「觀瞻，楚開卜大夫觀從之後。」謂觀瞻為觀從之後，則觀，其氏也。

二十九畫

2426、驪戎男（莊二十八）——驪戎

案：左莊二十八「晉伐驪戎，驪戎男女以驪姬」，杜注云：「驪戎在京兆新豐縣，其君姬姓，其爵男也，納女於人曰女。」驪戎為國名，男為其爵，其女曰驪姬，春秋婦女繫姓為稱，則姬為其母家姓，杜說是也。驪戎男即驪國之君。

2427、驪姬（莊二十八）、姬（僖四）、姬氏（僖四）、麗姬（宣二）——晉

案：左莊二十八「晉伐驪戎，驪戎男女以驪姬」，杜注：「其君姬姓。」是也，春秋婦女繫姓，稱驪姬，姬為其母家姓，驪為其母家國名，以母家國名配母家姓，故曰驪姬。左僖四「姬謂大子曰」，單稱其母家姓也。同傳大子曰「君非姬氏居不安」，以其母家姓配氏字稱之，與左隱元鄭莊公稱其母曰「姜氏」者同。左宣二稱麗姬，楊注云：「麗，驪古今字，傳于他處均作『驪姬』，唯此作『麗姬』。」麗姬即驪姬也。

附錄　左傳人物名號索引

說　明

一、本索引據本論文下篇所載人物名號編排、依名號首字筆畫多少序列，筆畫相同者，則依康熙字典順序序列。又首字相同者，依第二字筆畫多少序列，餘類推。

二、同名號有數人時，依其所屬標題之條次先後序列，為易於區辨，以（　）書其所屬之標題，其本身即為標題者，則以〔　〕書其所屬國別。

三、氏名、氏字等帶有尊稱、官爵、職名者，為便於查考，本索引或分列二條，如呂封人華豹一名號，分列呂封人華豹及華豹二條。

檢　字

大史克	0049	大宰伯州犁	0060
大史固	0050	大宰督	1734
大司馬公子卬	0051	大宰嚭	0061
大司馬固	0345	大師	0045
大司馬蒍掩	0052	大師子朝	0062
大司馬薳掩	0052	大師子穀	0063
大甲	0053	大師賈佗	0064
大戎狐姬	1091	大陸子方	1068
大伯（吳大伯）	0836	大傅陽子	1776
大伯（鬵拳）	2370	大嘷氏	0065
大良	0054	大臨	0066
大叔（王子帶）	0470	女艾	0067
大叔（世叔齊）	0524	女叔	0068
大叔（共叔段）	0722	女叔齊	0069
大叔（游吉）	1709	女叔寬	0070
大叔（虞）	1832	女賈	0071
大叔文子	0525	女齊	0069
大叔段	0722	女寬	0070
大叔疾	0524	子丁	0072
大叔帶	0470	子人	1945
大叔僖子	0055	子人九	0073
大叔儀	0525	子上〔鄭〕	0074
大叔遺	0055	子上（馹帶）	2150
大叔懿子	0523	子上（鬬勃）	2409
大姒	0056	子士	0075
大姬	0057	子大叔	1709
大孫伯	0877	子山〔吳〕	0076
大宰子商	0204	子山〔齊〕	0077
大宰子餘	0061	子山（蕩澤）	2179
大宰犯	0058	子工	0078
大宰石㚟	0059	子干	0182

子良氏〔鄭〕	0092	子服回	0101
子良氏（高彊）	1447	子服何	0102
子言	1031	子服昭伯	0101
子貝	0093	子服惠伯	0103
子車〔宋〕	0094	子服景伯	0102
子車（公孫捷）	0363	子服椒	0103
子車（北郭子車）	0537	子服湫	0103
子車氏	0095	子狐	0104
子辛	0181	子盂	0105
子叔（公孫剽）	0376	子糾	0210
子叔（叔輒）	0986	子虎	0106
子叔子	0958	子金	1819
子叔姬〔杞〕	0096	子侯〔鄭〕	0107
子叔姬〔齊〕	0097	子侯〔鄭〕	0108
子叔姬（昭姬）	1164	子俞彌	1169
子叔孫（叔孫州仇）	0970	子南（公子追舒）	0224
子叔孫（叔孫豹）	0971	子南（公子郢）	0225
子叔黑背	0098	子南（公子楚）	0378
子叔齊子	0963	子南氏	0378
子叔嬰齊	0394	子哀	1435
子叔聲伯	0394	子姚	0933
子周	0099	子封	0196
子季孫	1107	子思	1468
子庚	0179	子柳	0109
子招	0208	子洩	0310
子明（公孫明）	0347	子突	0110
子明（游販）	1711	子美	0383
子明（溷）	1813	子胥	0705
子服〔周〕	0100	子重	0297
子服（石制）	0661	子革	1720
子服子	0103	子員	0803

子城〔齊〕	0111	子張（叔孫輒）	0975
子城（公子城）	0217	子張（豐卷）	2302
子家（公子歸生）	0302	子捷	0119
子家（公孫歸父）	0397	子梁	0811
子家（公孫歸生）	0398	子淵捷	0363
子家（仲歸）	0701	子產	0383
子家（析歸父）	1074	子野〔魯〕	0120
子家（慶封）	2014	子野（師曠）	1312
子家子	0112	子魚（公子目夷）	0191
子家懿伯	0112	子魚（祝佗）	1368
子家羈	0112	子魚（庚公差）	1679
子容〔晉〕	0113	子魚（鮒）	2154
子容（高正）	1430	子惡	0608
子展	0351	子揚	2411
子師僕	0114	子揚窻	0121
子息	2016	子朝（王子朝）	0472
子旅氏	0115	子朝（宋子朝）	0852
子桑	0349	子期	0249
子羔	1436	子游〔宋〕	0122
子般〔魯〕	0116	子游（公子偃）	0226
子般（馹弘）	2147	子游（駟偃）	2149
子貢	2198	子然〔鄭〕	0123
子高	0926	子然（駟歂）	2151
子高鮒	0117	子猶	1528
子商	0118	子革	0529
子圍	0037	子越	2416
子國（公子發）	0248	子越椒	2416
子國（公孫寧）	0386	子都	0392
子國（蒍國）	2173	子雅	0403
子常	2363	子熙	0124
子張（公孫黑肱）	0375	子瑕（公子瑕）	0261

子瑕（陽匄）	1773	子蕩（樂轡）	2044
子瑕（駟乞）	2146	子蕩（薳罷）	2299
子晳（公子黑肱）	0257	子閻	0136
子晳（公孫黑）	0374	子餘	1960
子禽祝跪	0125	子頹	0476
子貉	0029	子燮	0299
子路	0682	子臘	0933
子鉏	2345	子輿	0137
子鉏商	0126	子還成	0138
子頎	0127	子韓晢	0139
子旗（豐施）	0303	子騅	0140
子旗（欒施）	2380	子鮮	2372
子旗（鬬成然）	2405	子叢	0254
子禄	0740	子蟜	0401
子臧〔鄭〕	0128	子豐	0141
子臧（公子欣時）	0209	子騈	0142
子蒲	0129	子邊	1059
子儀〔鄭〕	0130	子亹	0307
子儀〔衛〕	0131	子囊	0214
子儀（王子克）	0465	子囊帶	0143
子儀（鬬克）	2404	子靈（公子圍龜）	0242
子儀克	0132	子靈（屈巫）	1054
子寬	1712	子贛	2198
子潞	2030	子蠻	0029
子穀	0063	子蟲	0144
子適	0262	小	0959
子閭	0232	小子愁	0145
子駟	0303	小王桃甲	0146
子彊〔楚〕	0133	小白	1974
子彊〔齊〕	0134	小戎子	0147
子蕩〔楚〕	0135	小邾子（小邾穆公）	0149

小邾子（郳犁來）	1609
小邾射	0148
小邾穆公	0149
小惟子	0150
山	2179
山祁	0151
工尹	2293
工尹赤	0152
工尹路	0153
工尹壽	0154
工尹齊	0155
工尹麇	0156
工尹襄	0157
工僂會	0158
工僂灑	0159
己氏	0160
干徵師	0804
干讐	0161
弓	0958

四畫
不丑中五井仇介仍允元內公午
友壬夫孔少尹巴文毋比毛牙牛
王

不更女父	0162
不狃（公山不狃）	0310
不狃（林不狃）	1075
不窋	0163
不敢	0969
丑父	1594
中行文子	1403

中行伯（荀吳）	1394
中行伯（荀庚）	1395
中行伯（荀林父）	1396
中行伯（荀偃）	1402
中行吳	1394
中行桓子	1396
中行偃	1402
中行寅	1403
中行喜	0164
中行穆子	1394
中行獻子	1402
中廄尹	1772
五（夷陽五）	0758
五（東關嬖五）	1069
五（梁五）	1526
五父	1617
井伯	0165
仇	0166
仇牧	0167
介之推	0168
介葛盧	0169
仍叔	0170
允格	0171
元〔蔡〕	0172
元（華元）	1735
元（齊侯元）	1975
元（衛侯元）	2185
元公	0854
元咺	0173
內史叔服	0174
內史叔興	0175

內史叔興父	0175	公子尨	0200
內史過	0176	公子成〔宋〕	0201
公子士	0177	公子成〔楚〕	0202
公子小白	1974	公子角	0203
公子元〔楚〕	0178	公子辰	0204
公子元（齊侯元）	1975	公子卓	0205
公子午	0179	公子固	0206
公子卬	0051	公子姑曹	0467
公子友	0180	公子季友	0180
公子壬夫	0181	公子宜穀	0207
公子比	0182	公子忽	0517
公子牙〔齊〕	0183	公子招	0208
公子牙〔魯〕	0184	公子欣時	0209
公子丙	0185	公子糾	0210
公子去疾	0186	公子肥	0211
公子平	0187	公子青	0212
公子札	0188	公子突	2118
公子申〔楚〕	0189	公子苦雒	0213
公子申〔楚〕	0190	公子貞	0214
公子目夷	0191	公子負芻	1510
公子光	0837	公子重耳	1338
公子地	0192	公子首	0215
公子州吁	2184	公子倉	0216
公子朱〔宋〕	0193	公子城	0217
公子朱〔楚〕	0194	公子晉	2187
公子何	0195	公子朔	2188
公子何忌	0589	公子格	0218
公子呂	0196	公子班	0219
公子宋〔鄭〕	0197	公子留	0220
公子宋（魯定公）	0198	公子益師	0221
公子完	0199	公子筏	0222

公子起	0223	公子結〔楚〕	0249
公子追舒	0204	公子結〔魯〕	0250
公子郢	0225	公子荆〔衛〕	0251
公子偃〔鄭〕	0226	公子荆〔魯〕	0252
公子偃〔魯〕	0227	公子買〔齊〕	0253
公子偃〔魯〕	0228	公子買〔魯〕	0254
公子側	0229	公子陽生	1979
公子務婁	0230	公子馮〔楚〕	0255
公子商人	0231	公子馮〔宋〕	0860
公子啓	0232	公子黃	0256
公子堅	2119	公子黑肱	0257
公子寅〔宋〕	0233	公子黑臀	1340
公子寅〔楚〕	0234	公子意恢	0258
公子御戎	0235	公子歜犬	0259
公子御寇	0038	公子滅明	0260
公子御說	0859	公子瑕〔鄭〕	0261
公子掩餘	0236	公子瑕〔衛〕	0262
公子曼滿	0237	公子褐	0263
公子魚	0238	公子跪尋	0264
公子魚臣	0239	公子遂	0265
公子勝	0240	公子過	0266
公子喜	0241	公子達	0267
公子圍	1804	公子鉏〔齊〕	0268
公子圍龜	0242	公子鉏〔齊〕	0269
公子彭生	0243	公子鉏〔魯〕	0270
公子朝〔宋〕	0244	公子雍〔晉〕	0271
公子朝〔衛〕	0245	公子雍〔齊〕	0272
公子朝〔衛〕	0246	公子嘉〔齊〕	0273
公子棄疾	1801	公子嘉〔鄭〕	0274
公子無虧	0247	公子彊	0275
公子發	0248	公子履	0276

公子慶	0277	公子黨	0306
公子慶父	0278	公子豐	0307
公子慶忌	0279	公子蘭	2128
公子樂	0280	公子鐸	0308
公子穀臣	0281	公子齮	0309
公子穀甥	0282	公山不狃	0310
公子罷	0283	公之	0311
公子罷戎	0284	公文氏	0312
公子罷敵	0285	公文要	0313
公子翬	0286	公文懿子	0313
公子駒	0287	公父文伯	0315
公子駟	0258	公父定叔	0314
公子彊	0289	公文歜	0315
公子憖	0290	公冉務人	0316
公子橐師	0291	公甲叔子	0317
公子蕩	0292	公何藐	0318
公子豫	0293	公冶	0319
公子闋	0294	公巫召伯	0320
公子鮑	0861	公甫	0321
公子黔	0295	公叔文子	0324
公子黔牟	0296	公叔戍	0322
公子嬰齊	0297	公叔務人	0323
公子燭庸	0298	公叔發	0324
公子燮〔楚〕	0299	公孟	0327
公子燮〔蔡〕	0590	公孟彄	0325
公子縶	0300	公孟綽	0326
公子繁	0301	公孟縶	0327
公子歸生	0302	公果	0328
公子騑	0303	公南	0329
公子繻	0304	公南楚	0251
公子鱄	0305	公思展	0330

孔甲	0776	尹氏〔周〕	0438
孔伯姬	0417	尹氏〔鄭〕	0439
孔成子	0424	尹氏固	0443
孔叔〔宋〕	0418	尹何	0410
孔叔〔鄭〕	0419	尹言多	0441
孔叔（孔悝）	0423	尹辛	0442
孔奐	0420	尹固	0443
孔姞	0421	尹武公	0444
孔旭	0422	尹圉	0445
孔姬	0417	巴子	0446
孔悝	0423	巴行人	2267
孔烝鉏	0424	巴姬	0447
孔圉	0425	巴客	2267
孔將鉏	0426	文（仇）	0166
孔張	0427	文（周文王）	0998
孔達	0428	文（衛侯燬）	2194
孔寧	0385	文子（士燮）	0027
孔嬰齊	0429	文子（公叔發）	0324
少司寇牼	1746	文子（公孫彌牟）	0395
少西氏	0430	文子（孔圉）	0425
少良	0431	文子（世叔儀）	0525
少姜	0432	文子（北宮佗）	0533
少師	0433	文子（叔孫舒）	0973
少康	0434	文子（季孫行父）	1023
少齊	0432	文子（孫林父）	1280
少衛姬	0435	文子（荀寅）	1403
少皞氏	0436	文子（荀躒）	1409
少皞摯	0436	文子（陳須無）	1635
尹子	0444	文子（趙武）	1953
尹公佗	0437	文子（鮑國）	2217
尹文公	0445	文之無畏	0448

文之鍇	0449	王大子壽	0458
文公（宋公鮑）	0861	王大子鄭	0459
文公（晉侯重耳）	1338	王子地	0460
文公（鄭伯捷）	2120	王子牟	0461
文公（魯文公）	2152	王子伯廖	0462
文公（衛侯燬）	2194	王子伯駢	0463
文夫人〔鄭〕	0450	王子佞夫	0464
文夫人（息嬀）	1326	王子克	0465
文王（周文王）	0998	王子成父	0466
文王（楚文王）	1808	王子姑曹	0467
文伯（匄）	0532	王子狐	0468
文伯（荀躒）	1409	王子虎	0469
文伯（穀）	2066	王子建	0034
文芊	0451	王子帶	0470
文侯	0166	王子捷	0480
文姜	0452	王子猛	0507
文嬴	0453	王子處	0471
毋畏	0448	王子勝	0607
比	0454	王子圍	1804
毛（朱毛）	0781	王子朝	0472
毛（狐毛）	1089	王子瑕	0473
毛伯（毛伯得）	0455	王子趙車	0474
毛伯（毛伯衛）	0457	王子罷	0475
毛伯得	0455	王子頹	0476
毛伯過	0456	王子還	0477
毛伯衛	0457	王子職	0478
毛	0455	王子黨	0479
牙（公子牙）	0183	王世子	0459
牙（公子牙）	0184	王札子	0480
牛	2104	王犯	0481
牛臣	1485	王生	0482

王甲	0483
王何	0484
王叔	0486
王叔氏	0486
王叔文公	0469
王叔桓公	0485
王叔陳生	0486
王季	0487
王季子	0488
王官無地	0489
王姚	0490
王姬〔齊〕	0491
王姬（吳姬）	0723
王孫由于	0492
王孫牟	0493
王孫沒	0494
王孫圉	0995
王孫喜	0496
王孫揮	0497
王孫游	0498
王孫賈〔楚〕	0499
王孫賈〔衛〕	0500
王孫滿	0501
王孫齊	0502
王孫燕	0503
王孫彌庸	0504
王孫蘇	0505
王豹	0506
王猛〔周〕	0507
王猛（犁彌）	1723
王湫	0508

王黑	0509
王儋季	0510
王穆后	0511
王鮒	2022

五畫

世丘令冉出勾北去句召史史右
司外尼左平弁弗弘戍札正犯玄
瓦甘生田由甲申白目石

世子止	0512
世子申生	0513
世子光	0514
世子有	0515
世子佐	0854
世子巫	0516
世子成	0855
世子忽	0517
世子射姑	1511
世子般	2085
世子偃師	0518
世子商臣	0519
世子款	1624
世子痤	0520
世子華	0521
世子臧	2191
世子蒯聵	0522
世叔申	0523
世叔齊	0524
世叔儀	0525
丘	0416
丘弱	0526

令尹	1804	北宮結	0807
令尹子上	2409	北宮遺	0536
令尹子元	0178	北宮懿子	0534
令尹子文	2418	北婦人	1464
令尹子木	1057	北郭子車	0537
令尹子玉	0888	北郭佐	0537
令尹子西	0190	北郭啓	0538
令尹子辛	0181	北燕伯	0539
令尹子南	0224	北燕伯款	0539
令尹子重	0297	去疾（公子去疾）	0186
令尹子常	23636	去疾（莒著丘公）	1566
尹子子期	2405	句卑	0843
尹子子瑕	1773	句踐	1765
尹子族	2405	句龍	0540
令尹子蕩	2299	召	0545
令尹孫叔敖	2174	召公	0548
令尹圍	1804	召氏	0553
今尹蔿艾獵	0527	召伯（召伯盈）	0542
冉有	0528	召伯（召昭公）	0546
冉求	0528	召伯（召桓公）	0547
冉猛	0529	召伯（召康公）	0548
冉豎	0530	召伯（召戴公）	0553
出姜	0531	召伯奐	0541
句〔晉〕	0532	召伯盈	0542
句（士句）	0009	召伯廖	0543
北宮子	0535	召武公	0544
北宮文子	0533	召忽	0545
北宮佗	0533	召昭公	0546
北宮括	0534	召桓公	0547
北宮貞子	0535	召康公	0548
北宮喜	0535	召莊公	0541

司馬（向魋）	0749	司齊	0603
司馬（皇野）	1180	司鐸射	0604
司馬（華費遂）	1750	外僕髡屯	0605
司馬女叔侯	0069	尼父	0416
司馬子仲	1180	左公子	0606
司馬子西	2407	左公子洩	0606
司馬子伯	1752	左尹	0608
司馬子良	0588	左尹子重	0697
司馬子庚	0179	左尹王子勝	0607
司馬子魚（公子目夷）	0191	左尹郤宛	0608
司馬子魚（魴）	2154	左史老	0609
司馬子蟜	0401	左史倚相	0610
司馬公子何忌	0589	左司馬戌	0611
司馬公子燮	0590	左司馬沈尹戌	0611
司馬牛	0591	左司馬販	0612
司馬卯	0592	左行共華	0613
司馬叔游	0593	左師（向戌）	0738
司馬侯	0069	左師（向巢）	0742
司馬桓子	0594	左師（靈不緩）	2398
司馬烏	0595	左師展	0614
司馬寅	0596	左師巢	0742
司馬華孫	1752	左鄢父	0615
司馬督	0595	平〔楚〕	0616
司馬彊	0597	平（平王）	0617
司馬彌牟	0026	平（宋公成）	0855
司馬燮	0590	平子	1026
司馬蓮越	0598	平公（宋公成）	0855
司馬竈	0599	平公（晉侯彪）	1339
司馬觶戾	0600	平王〔周〕	0617
司寇牛父	0601	平王（楚子居）	1801
司寇亥	0602	平仲	1352

白公　1649

白狄子　0657

目夷　0191

石乞〔楚〕　0658

石乞〔衛〕　0659

石子（石碏）　0674

石子（石稷）　0676

石之紛如　0660

石甲父　0666

石共子　0808

石制　0661

石成子　0676

石尚　0662

石盂　0636

石祁子　0664

石厚　0665

石癸　0666

石首　0667

石圃　0668

石張　0669

石曼姑　0670

石速　0671

石惡　0672

石買　0808

石奐　0059

石楚　0673

石碏　0674

石彄　0675

石稷　0676

石魋　0677

六畫

仲伊伍先光共匠匡玕印合吉同
后向圭地夙多夷安寺州年戌戎
曲有朱汝江牟百羊羽老臣至臼
舌舟行西

仲（公子遂）　0265

仲（仲壬）　0681

仲（祭封人仲足）　1554

仲子〔齊〕　0678

仲子〔魯〕　0679

仲山甫　0680

仲壬　0681

仲尼　0416

仲由　0682

仲年　0753

仲江　0683

仲行　0684

仲行伯　1395

仲佗　0685

仲足　1554

仲叔于奚　1796

仲虺　0686

仲孫（公孫無知）　0372

仲孫（仲孫湫）　0689

仲孫何忌　0687

仲孫忌　0687

仲孫速　0688

仲孫湫　0689

仲孫羯　0690

仲孫蔑　0691

仲孫玃　0692

仲容　0693

后庸	0735	夷羿	0779
后臧	0736	夷射姑	0756
后稷	1000	夷皋	0757
后緡	0737	夷陽五	0758
后夔	2023	夷詭諸	0759
向戌	0738	安于	1829
向行	0739	安孺子	1561
向宜	0740	寺人孟張	0760
向姜	0741	寺人披	0761
向巢	0742	寺人勃鞮	0761
向帶	0743	寺人柳	0762
向勝	0744	寺人惠牆伊戾	0763
向爲人	0745	寺人貂	0764
向禽將	0746	寺人羅	0765
向寧	0747	州于	1877
向鄭	0748	州仇	0970
向魋	0749	州公	0766
圭嬀	0750	州吁	2184
地（公子地）	0192	州綽	0767
地（王子地）	0460	州蒲	0030
地（茅地）	1222	州賓	0768
夙沙衛	0751	年	0753
多僚	1738	戌（公叔戌）	0322
夷	0029	戌（左司馬沈尹戌）	0611
夷王	0752	戌（向戌）	0738
夷仲年	0753	戌（穿封戌）	1190
夷羊五	0758	戎子	0769
夷伯	0754	戎子駒支	0770
夷吾	1335	戎津	0771
夷叔	0964	戎蠻子	0773
夷姜	0755	戎蠻子赤	0772

戎蠻子嘉	0773	老佐	0796
曲沃伯	1332	老陽子	0797
曲沃武公	1332	臣（公孫臣）	0338
曲沃莊伯	0774	臣（華臣）	1739
有子	0528	臣簡公	0798
有若	0775	至	1420
有夏孔甲	0776	臼任	0799
有逢伯陵	0777	臼季	1207
有過澆	0778	舌庸	0735
有窮后羿	0779	舟之僑	0800
有鬺叔安	0780	行人子朱	0801
朱（行人子朱）	0801	行人子羽〔衛〕	0802
朱（蔡侯朱）	2081	行人子羽（行人公孫揮）	0805
朱毛	0781	行人子員	0803
汝寬	0070	行人干徵師	0804
江芈	0782	行人公孫揮	0805
江說	0783	行人且姚	0806
牟夷	1570	行人北宮結	0807
百里〔許〕	0784	行人石買	0808
百里〔秦〕	0785	行人良霄	0809
百里孟明視	0786	行人叔孫婼	0810
羊舌大夫	0787	行人揮	0805
羊舌赤	0788	行人樂祁犂	0811
羊舌肸	0789	行父（季孫行父）	1023
羊舌虎	0790	行父（儀行父）	1989
羊舌鮒	0791	西乞	0812
羊舌職	0792	西乞術	0812
羊斟	0793	西王	0472
羊羅	0794	西鉏吾	0813
羽父	0286		
羽頡	0795	七畫	

伯佐何佗佚佞克免冶君吳吾呂
孝宋完尨巫延志成杜杞步求汪
沈牢狂狄罕良苹芊角赤辛辰邑
祁里阮

克	1421	吳由于	0492
免餘	0340	吳句卑	0843
冶	0835	吳句餘	0838
冶區夫	0834	吳光	0837
冶廑	0835	吳壽夢	0840
君夫人	1698	吾離	0844
君夫人氏	1698	呂	1819
君氏	2232	呂姜	0845
君司馬	1801	呂封人華豹	0846
君姬氏	1954	呂相	2320
吳（荀吳）	1394	呂級	0847
吳（陳侯吳）	1619	呂甥	1819
吳（朝吳）	1696	呂錡	2326
吳（華吳）	1740	孝	0848
吳大伯	0836	孝公	1977
吳子（吳子光）	0837	孝伯〔衛〕	0849
吳子（吳子夷木）	0838	孝伯（仲孫羯）	0690
吳子（吳子遏）	0839	孝侯	0850
吳子（吳子乘）	0840	宋大子	0854
吳子（吳王夫差）	0842	宋子〔鄭〕	0851
吳子光	0837	未子（宋公茲父）	0858
吳子夷木	0838	宋子朝	0852
吳子遏	0839	宋元公	0854
吳子乘	0840	宋元夫人	0868
吳子壽夢	0840	宋公（大子欒）	0044
吳子諸樊	0839	宋公（宋公王臣）	0853
吳子餘祭	0841	宋公（宋公佐）	0854
吳夫差	0842	宋公（宋公成）	0855
吳王（吳子遏）	0839	宋公（宋公固）	0857
吳王（吳王夫差）	0842	宋公（宋公茲父）	0858
吳王夫差	0842	宋公（宋公御說）	0859

宋公（宋公馮）	0860	宋桓公	0859
宋公（宋公鮑）	0861	宋桓夫人	0867
宋公（宋武公）	0864	宋莊公	0860
宋公（杵臼）	1070	宋景公	0044
宋公（捷）	1506	宋景曹	0868
宋公（與夷）	1825	宋朝	0852
宋公元公	0854	宋華子	0869
宋公王臣	0853	宋督	1734
宋公佐	0854	宋萬	1140
宋公成	0855	宋殤公	1825
宋公和	0856	宋穆公	0856
宋公固	0857	宋襄公	0858
宋公茲父	0858	宋襄夫人	0870
宋公御說	0859	完〔楚〕	0871
宋公馮	0860	完〔衛〕	0872
宋公鮑	0861	尨降	0873
宋文公	0861	尨圉	0874
宋木	0862	巫	0875
宋父	0198	巫臣	1054
宋王臣	0853	巫皐	0875
宋司城	0583	延	0876
宋司徒	1742	延州來季子	0188
宋平公	0855	志父	1965
宋共公	0857	成（公孫宿）	0362
宋共姬	0863	成（成公）	0878
宋伯姬	0863	成（成公）	0879
宋成公	0853	成（成王）	0881
宋武公	0864	成（崔成）	1481
宋勇	0865	成（衛侯鄭）	2193
宋宣公	0866	成（顓）	2212
宋昭公	1070	成大心	0877

成子（孔烝鉏）	0424	成熊	0891
成子（成肅公）	0892	成肅公	0892
成子（叔孫不敢）	0969	成簡公	0798
成子（析朱鉏）	1073	成鱄	0893
成子（茅夷鴻）	1223	成瓘	0894
成子（陳恆）	1628	杜回	0895
成公〔周〕	0878	杜祁	0896
成公〔魯〕	0879	杜洩	0897
成公（晉侯黑臀）	1340	杜原款	0898
成公（曹伯負芻）	1510	杜溷羅	0899
成公（陳侯午）	1618	杞子〔秦〕	0900
成錢（單成公）	1654	杞子（杞伯姑容）	0904
成公（鄭伯睔）	2122	杞子（杞伯益姑）	0907
成公（衛侯鄭）	2193	杞子（杞成公）	0909
成公般	0880	杞文公	0907
成王〔周〕	0881	杞平公	0906
成王（頵）	2212	杞伯〔杞〕	0901
成何	0882	杞伯（杞伯匄）	0902
成季（公子友）	0180	杞伯（杞伯成）	0903
成季（趙衰）	1960	杞伯（杞伯姑容）	0904
成季友	0180	杞伯（杞伯郁釐）	0906
成虎	0891	杞伯（杞伯益姑）	0907
成風	0883	杞伯匄	0902
成差	0884	杞伯成	0903
成師	0885	杞伯姑容	0904
成桓公	0886	杞伯姬	0905
成秩	0887	杞伯郁釐	0906
成得臣	0888	杞伯益姑	0907
成然	2405	杞伯過	0908
成愆	0889	杞孝公	0902
成嘉	0890	杞成公	0909

杞叔姬	0910	罕朔	0932
杞姒	0911	罕連	0933
杞侯〔杞〕	0912	罕虺	0934
杞侯〔杞〕	0913	良	0935
杞桓公	0904	良夫	1714
杞悼公	0903	良止	0936
杞梁	0914	良佐	0937
杞殖	0914	良霄	0809
杞僖公	0908	羋尹無宇	0648
步招	0915	羋氏	0451
步揚	0916	芋尹申亥	0938
步毅	1426	芋尹無宇	0648
求	0528	芋尹蓋	0939
汪錡	0917	角	0940
沈子	0918	赤〔曹〕	0941
沈子逞	0918	赤（羊舌赤）	0788
沈子揖初	0919	辛（賈辛）	1851
沈子嘉	0920	辛（鬭辛）	2406
沈尹	0921	辛甲	0942
沈尹戌	0611	辛有	0943
沈尹朱	0922	辛伯	0944
沈尹赤	0923	辛廖	0945
沈尹射	0924	辰	0946
沈尹壽	0925	辰嬴	2332
沈諸梁	0926	邑姜	0947
牟成	0927	邳子	0948
狂狡	0928	邳夫人	0949
狄虒彌	0929	里	0950
罕	0933	里克	0950
罕夷	0930	里析	0951
罕虎	0931	阮氏	0952

八畫

亞京侍具卓叔周和固夜奄妾姑
姒孟孟季宗定宛宜屈庚弦招明
昆易東杵杼析林枝武冷炎狐直
知祁肥胏臾舍芮虎邯邴金長門
阜青非

亞圉	0953
京城大叔	0722
侍人宜僚	0954
侍人賈舉	0955
具丙	0956
卓	0205
卓子	0205
叔	1836
叔子	0317
叔山冉	0957
叔弓	0958
叔氏	2348
叔牙	0184
叔申	0336
叔仲	0962
叔仲子（叔仲小）	0959
叔仲子（叔仲帶）	0961
叔仲小	0959
叔仲志	0960
叔仲昭子	0961
叔仲昭伯	0961
叔仲帶	0961
叔仲彭生	0962
叔仲惠伯	0962
叔仲穆子	0959

叔向	0789
叔光	0963
叔伯	2172
叔服	0174
叔武	0964
叔肸（羊舌肸）	0789
叔肸〔魯〕	0965
叔虎	6790
叔青	0966
叔侯	0069
叔姜	0967
叔姬〔杞〕	0096
叔姬（子叔姬）	0097
叔姬（杞叔姬）	0910
叔姬〔莒〕	0968
叔姬〔齊〕	1164
叔姬（紀叔姬）	1192
叔孫（行人叔孫婼）	0810
叔孫（叔孫不敢）	0969
叔孫（叔孫州仇）	0970
叔孫（叔孫豹）	0971
叔孫不敢	0969
叔孫州仇	0970
叔孫成子	0969
叔孫宣伯	0974
叔孫昭子	0810
叔孫豹	0971
叔孫得臣	0972
叔孫莊叔	0972
叔孫婼	0810
叔孫舒	0973

叔孫僑如	0974	周子	1337
叔孫輒	0975	周公〔魯〕	0993
叔孫穆子	0971	周公（周公黑肩）	0995
叔孫還	0976	周公（周公楚）	0966
叔孫戴伯	0360	周公（周公閱）	0997
叔展	0640	周公（宰孔）	1292
叔胖	0793	周公忌父	0994
叔豹	0977	周公黑肩	0995
叔堅	0978	周公楚	0996
叔帶	0470	周公閱	0997
叔魚	0791	周文王	0998
叔彭生	0962	周王	2399
叔椒	0979	周任	0999
叔游	0593	周弃	1000
叔禽〔晉〕	0980	周武	1082
叔禽〔鄭〕	0981	周幽	1001
叔詣	0982	周桓公	0995
叔詹	0983	周歂	1002
叔達	0984	和	2306
叔隗	0985	和組父	1003
叔輒	0986	固	1004
叔鞅	0987	夜姑	0645
叔劉	0988	奄息	1005
叔豫	0644	姜	1006
叔鮒	0791	姑	1007
叔還	0989	姒氏	1044
叔麇	0990	孟（公孟縶）	0327
叔羆	0991	孟（孟丙）	1012
叔獻	0992	孟（張趯）	1497
叔黨	2062	孟子（百里孟明視）	0786
周	1002	孟子〔魯〕	1008

季羔	1436	宛射犬	1049
季康子	1107	宛筏	1050
季悼子	1197	宜申	2407
季梁	1027	屈生	1051
季然	1028	屈申	1052
季葪	1029	屈伸	1052
季路	0682	屈完	1053
季隗	1030	屈巫	1054
季寤	1031	屈到	1055
季貍	1032	屈狐庸	1056
季魴侯	1033	屈建	1057
季蘭	1034	屈重	1577
宗人釁夏	1035	屈瑕	1578
宗子	1036	屈罷	1058
宗子陽	1038	屈禦寇	1059
宗區	1037	屈蕩	1060
宗樓	1038	庚	1395
宗豎	1039	庚與	1569
宗魯	1040	庚輿	1569
定〔周〕	1041	弦子	1061
定（衛侯臧）	2191	弦多	1062
定公（公子朱）	0198	弦施	1062
定公（邾子貜且）	1233	弦高	1063
定公（衛候臧）	2191	招（卜招父）	0001
定王	1042	招（公子招）	0208
定姒〔魯〕	1043	明（雀明）	1482
定姒〔魯〕	1044	明（提彌明）	1688
定姜	1045	昆吾	1064
宛	1046	易牙	1863
宛沒	1047	東王	1792
宛春	1048	東門遂	0265

狐溱	1095	舍	1111
狐鞫居	1096	舍之	0351
直柄	1097	芮司徒	1112
知文子	1409	芮伯	1113
知伯（荀盈）	1398	芮伯萬	1113
知伯（荀瑤）	1405	芮良夫	1114
知伯（荀蠆）	1407	芮姜	1115
知伯（荀躒）	1409	虎（羊舌虎）	0790
知季	1399	虎（罕虎）	0931
知武子	1407	虎（陽虎）	1775
知盈	1398	邯鄲午	1116
知徐吾	1098	邴夏	1117
知朔	1099	邴洩	1118
知起	1100	邴師〔晉〕	1119
知悼子	1398	邴師〔齊〕	1120
知莊子	1399	邴意茲	1121
知罃	1407	邴豫	1122
知躒	1409	邴歜	1123
祁	2379	金天氏	0436
祁大夫	1103	長狄僑如	1124
祁午	1101	長狄緣斯	1225
祁盈	1102	長武子	1126
祁奚	1103	長牂	1127
祁勝	1104	長魚矯	1128
祁瞞	1105	長衛姬	2183
祁舉	1106	門尹般	1129
肥	1107	門尹得	2031
肥子緜皋	1108	皋	1695
肹（羊舌肹）	0789	青	0352
肹〔衛〕	1109	非我	1178
臾駢	1110	**九畫**	

侯俞南厚咸咺哀契姚姜姬宣封
帝幽建急恆括施昧昭柔桂柳柴
段洩癸皇盈相盾省祈禹穿突紀
紂紇羿忒胡胥苑苗苟若苦苦茀
范茅虺衎貞負邽郇邢郊重食首

姬氏（趙莊姬）	1961	施孝叔	1158
姬氏（驪姬）	2427	昧	1159
宣	1152	昭子（士吉射）	0011
宣子（士匄）	0009	昭子（行人叔孫婼）	0810
宣子（趙盾）	1956	昭子（高張）	1440
宣子（韓起）	2269	昭公（公子稠）	0263
宣公〔魯〕	1151	昭公（王子帶）	0470
宣公（曹伯盧）	1518	昭公（杵臼）	1070
宣公（衛侯晉）	2187	昭夫人孟子	1160
宣王	1152	昭王〔周〕	1161
宣伯	0974	昭王（楚子軫）	1805
宣叔	1931	昭伯	1162
宣孟	1956	昭侯	1163
宣姜	1153	昭姬	1164
封豕	0823	柔	1165
封具	1154	柱	1166
帝乙	1155	柳	0762
帝夷羿	0779	柴	1436
帝舜	1732	段（共叔段）	0722
帝舜氏	1732	段（印段）	0732
帝鴻氏	1783	洩（邴洩）	1118
幽公	0029	洩（野洩）	1611
幽王	1001	洩冶	1167
建（大子建）	0034	洩伯	1170
建（屈建）	1057	洩庸	1168
急子	1156	洩堵俞彌	1169
恆	1628	洩堵寇	1169
括（趙括）	1955	洩駕〔鄭〕	1170
括（儋括）	1990	洩駕〔鄭〕	1171
施	2303	洩聲子	1611
施父	1157	癸	2164

邢帶	1243	員	0705
邢蒯	1244	唐成公	1256
郊公	1245	唐叔	1832
重	1246	唐叔虞	1257
重〔齊〕	1247	唐侯（唐成公）	1256
重（郭重）	1602	唐侯（唐惠侯）	1260
重耳	1338	唐狡	1258
食我	1798	唐苟	1259
首	1399	唐惠侯	1260

十畫

倉原員唐圖城奚孫宮宰家射展
差師庭弱徐徒息悝拳挐挾晉晏
書朔桀桃桐桑桓涅涉烏特狼留
疾祝秦秩耿般茲荀茍荊虔蚡衰
袁豹起追逆郎郇郟郚郤馬高

		圖	0668
		城	0217
倉	0216	城父司馬奮揚	1261
原	1950	夏	0357
原仲	1248	夏丁	1264
原同	1950	夏之御寇	1262
原伯	1252	夏父弗忌	1263
原伯貫	1249	夏戊	1264
原伯絞	1250	夏后	0776
原伯魯	1251	夏后相	1265
原叔	1950	夏后皋	1266
原莊公	1252	夏南	1272
原軫	0715	夏姬	1267
原壽過	1253	夏桀	1268
原穀	0719	夏啓	1269
原繁	1254	夏區夫	1270
原襄公	1255	夏陽說	1271
		夏徵舒	1272
		夏齧	1273
		奚仲	1274
		奚斯	0238
		奚齊	1275

孫子（孫良夫）	1278	宰渠伯糾	1294
孫子（孫林父）	1280	家父	1295
孫文子	1280	家僕徒	1296
孫伯	0877	射犬	1049
孫伯黶	1276	展	0330
孫免	1277	展氏	0580
孫吳	1619	展玉父	1297
孫良夫	1278	展如	1298
孫叔〔鄭〕	1279	展莊叔	1299
孫叔〔楚〕	2174	展喜	1300
孫叔敖	2174	展禽	1301
孫周	1337	展瑕	1302
孫林父	1280	展輿	1572
孫知	1281	差車鮑點	1303
孫昭子	1282	師己	1304
孫書	1629	師叔	2060
孫桓子	1278	師服	1305
孫莊子	1283	師祁犁	1306
孫惡	1284	師悝	1307
孫嘉	1285	師筏	1308
孫蒯	1286	師曹	1309
孫擊	1287	師慧	1310
孫襄	1288	師縉	1311
宮之奇	1289	師曠	1312
宮廄尹子皙	0257	師觸	1313
宮廄尹棄疾	1290	師蠲	1314
宮嬖綽	1291	庭堅	1315
宰孔	1292	弱〔周〕	1316
宰周公（周公閱）	0997	弱（丘弱）	0526
宰周公（宰孔）	1292	徐子	1317
宰咺	1293	徐子章羽	1317

晉厲公	0030
晉穆侯	1347
晉襄公	1342
晉獻公	1336
晉靈公	0757
晏子（晏弱）	1349
晏子（晏嬰）	1352
晏父戎	1348
晏平仲	1352
晏弱	1349
晏桓子	1349
晏圉	1350
晏氂	1351
晏嬰	1352
書（東郭書）	1066
書（陳書）	1629
書（欒書）	2383
朔（罕朔）	0932
朔（衛侯朔）	2188
桀	1268
桃子	1353
桐門右師	2021
桑掩胥	1354
桓（宋公御說）	0859
桓（成師）	0885
桓（桓公）	1355
桓（桓公）	1356
桓（桓王）	1357
桓（秦桓王）	1385
桓（齊侯小白）	1974
桓子（季孫斯）	1025

桓子（孫良夫）	1278
桓子（晏弱）	1349
桓子（荀林父）	1396
桓子（陳無宇）	1634
桓子（欒黶）	2390
桓子思	1468
桓公〔鄭〕	1355
桓公〔魯〕	1356
桓公（宋公御說）	0859
桓公（陳侯鮑）	1626
桓公（齊侯小白）	1974
桓王	1357
桓主	2390
桓司馬	0749
桓叔	0885
桓跳	1358
桓魋	0749
涅	1674
涉佗	1359
涉賓	1360
烏存	1361
烏枝鳴	1362
烏餘	1363
特宮	1364
狼瞫	1365
狼蘧疏	1366
留	0220
疾（大子疾）	0036
疾（世叔齊）	0524
祝史揮	1367
祝佗	1368

袁	1960	郤溱	1424
袁克	1411	郤稱	1425
袁僑	1412	郤毅	1426
豹（亍豹）	0729	郤縠	1427
豹（呂封人華豹）	0846	郤錡	1428
豹（叔孫豹）	0971	郤獻子	1421
豹〔鄭瞞〕	1413	郤犨	1429
豹（陳豹）	1630	馬師氏	0932
豹（斐豹）	1691	馬師頡	0795
起（公子起）	0223	高子（高固）	1433
起（韓起）	2269	高子（高厚）	1434
追喜	1414	高子（高張）	1440
逆	1631	高子（高偃）	1441
郕伯〔郕〕	1415	高子（高無㔻）	1443
郕伯（大子朱儒）	0031	高子容	1430
郎子	1416	高止	1430
郎延	1417	高伯	1442
郟張	1418	高克	1431
郟敖	1807	高辛氏	1432
鄆	0225	高固	1433
郤	1422	高宣子	1433
郤乞	1419	高厚	1434
郤子（郤克）	1421	高哀	1435
郤子（郤錡）	1428	高昭子	1440
郤至	1420	高柴	1436
郤伯	1421	高弱	1437
郤克	1421	高偃	1438
郤成子	1423	高彊	1439
郤宛	0608	高張	1440
郤芮	1422	高偃	1441
郤缺	1423	高渠彌	1442

高無㔻	1443	商成公	1455
高無咎	1444	商紂	1456
高發	1445	商湯	1457
高陽氏	2316	啓（公子啓）	0232
高豎	1446	啓〔宋〕	1458
高彊	1447	啓〔宋〕	1459
高齮	1448	圉（大子圉）	0037

梁嬰	1538	荼	1561
梁嬰父	1539	莊（曲沃莊伯）	0774
梓慎	1540	莊（宋公馮）	0560
淳于公	0766	莊（楚子旅）	1803
清尹	1541	莊子	2322
清尹弗忌	1541	莊公（子同）	0083
清沸魋	1542	莊公（世子光）	0514
爽鳩氏	1543	莊公（世子蒯聵）	0522
猛（冉猛）	0529	莊公（宋公馮）	0860
猛（犂彌）	1723	莊公（邾子穿）	1227
猛獲	1544	莊公（鄭伯寤生）	2125
畢萬	1544	莊王〔周〕	1562
皐比	1516	莊王（楚子旅）	1803
皐如	1547	莊叔	0972
皐陶	1548	莊姜	1563
眾父	0221	莊董	1564
眾仲	1509	莊朝	1565
祭公	1550	莒子（密州）	1474
祭公謀父	1551	莒子（莒子去疾）	1566
祭仲	1554	莒子（莒子朱）	1567
祭仲足	1554	莒子（莒子庚輿）	1569
祭伯	1552	莒子（莒期）	1574
祭足	1554	莒子去疾	1566
祭叔	1553	莒子朱	1567
祭封人仲足	1554	莒子狂	1568
章	1555	莒子庚輿	1569
聃伯	1556	莒去疾	1566
聃季	1557	莒共公	1569
聃啓	1558	莒牟夷	1570
聃甥	1559	莒恆	1571
脩	1560	莒紀公	1487

莒展	1572	許男甯	1585
莒展輿	1572	許男錫我	1586
莒挐	1573	許叔	1587
莒茲丕公	1574	許昭公	1586
莒期	1574	許偃	1588
莒犁比公	1474	許悼公	1762
莒著丘公	1566	許莊公	1589
莒僕	0040	許圍	1590
莒慶	1575	許爲	1579
莒輿	1572	許瑕	1591
莠尹然	1576	許僖公	1584
莫敖	1578	許穆公	1583
莫敖屈重	1577	許穆夫人	1592
莫敖屈瑕	1578	許靈公	1585
處父（公歙陽）	0411	速（仲孫速）	0688
處父（陽處父）	1776	速（戲陽速）	2224
術	0812	逢大夫	1593
許	1931	逢丑父	1594
許元公	1581	逢公	1595
評公爲	1579	逢伯	1596
許伯	1580	逢孫	1597
許男（許男斯）	1582	逢滑	1598
許男（許男新臣）	1583	連尹奢	0707
許男（許男業）	1584	連尹襄老	1599
許男（許男甯）	1585	連稱	1600
許男（許男錫我）	1586	郭公	1601
許男（買）	0762	郭重	1602
許男成	1581	郭最	1603
許男斯	1582	郭榮	1604
許男新臣	1583	郯子	1605
許男業	1584	郯伯姬	1606

郰人紇	1607	陳侯（陳侯溺）	1625
郰叔紇	1607	陳侯（陳侯鮑）	1626
郳甲	1608	陳侯（陳侯躍）	1627
郳犁來	1609	陳侯午	1618
郵良	1610	陳侯吳	1619
郵無恤	1610	陳侯杵臼	1620
野	1180	陳侯林	1621
野洩	1611	陳侯柳	1622
陰不佞	1612	陳侯朔	1623
陰忌〔周〕	1613	陳侯款	1624
陰忌〔周〕	1614	陳侯溺	1625
陰里	1615	陳侯鮑	1626
陰飴甥	1819	陳侯躍	1627
陳乞	1616	陳哀公	1625
陳子（陳乞）	1616	陳宣公	1620
陳子（陳侯柳）	1622	陳恆	1628
陳子（陳侯朔）	1623	陳書	1629
陳子（陳恆）	1628	陳桓子	1634
陳子行	1631	陳桓公	1626
陳文子	1635	陳豹	1630
陳共公	1623	陳逆	1631
陳佗	1617	陳寅	1632
陳成子	1628	陳莊	1633
陳成公	1618	陳莊公	1621
陳武子	0134	陳惠公	1619
陳侯（平國）	0619	陳無宇	1634
陳侯（陳侯午）	1618	陳須無	1635
陳侯（陳侯杵臼）	1620	陳僖子	1616
陳侯（陳侯林）	1621	陳厲公	1627
陳侯（陳侯朔）	1623	陳嬀〔鄭〕	1636
陳侯（陳侯款）	1624	陳嬀（惠后）	1686

陳穆公	1624	單子（單頃公）	1657
陳懷公	1622	單子（單旗）	1659
陳瓘	1637	單子（單襄公）	1661
陳靈公	0619	單公子愆期	1650
陵尹喜	1638	單平公	1651
陶叔	1639	單伯〔周〕	1652
陶唐	1663	單伯〔周〕	1653
陶唐氏	1663	單成公	1654
陸渾子	1640	單武公	1655
頃公	1978	單浮餘	1656
頃王	1641	單頃公	1657
頃父	1642	單靖公	1658
魚石	1643	單旗	1659
魚府	1644	單蔑	1660
麻嬰	1645	單穆公	1659

十二畫

傅勝厥單圍堯堵奢媒富寒屠庾
彭復惠惡提楊揮敝斐景曾朝齊
棄棠椒款殖渠溫游湇渾湯焚無
然為犀犂琴甯登發喬禽程結絞
絲絳舒舜華葰萊視訾買費賁越
鄂郅鄅閔陽隆須馮黃黑

		單襄公	1661
		單獻公	1662
傅傁	1646	圍	1804
傅瑕	1647	堯	1663
傅摯	1648	堵女父	1664
勝（祁勝）	1104	堵叔	1665
勝〔楚〕	1649	堵狗	1666
厥	2270	堵敖	1667
單子（單成公）	1654	奢	0707
單子（單武公）	1655	媒	0810
		富子〔晉〕	1668
		富子〔鄭〕	1669
		富父終甥	1670
		富父槐	1671
		富辛	1672
		富辰	1673

寒浞	1674	楊干	1689
屠伯	1675	揮	1367
屠蒯	1676	敝無存	1690
屠擊〔晉〕	1677	斐豹	1691
屠擊〔鄭〕	1678	景（秦景公）	1388
庾公差	1679	景〔周〕	1692
庾皮	1680	景（景王）	1693
彭生（公子彭生）	0243	景公（大子欒）	0044
彭生〔楚〕	1681	景公（晉侯獳）	1341
彭仲爽	1682	景公（秦景公）	1388
彭名	1683	景公（齊侯杵臼）	1976
彭封彌子	2223	景王	193
復遂	1697	景伯	0102
惠（晉侯夷吾）	1335	景侯	1004
惠（惠公）	1684	景曹	0868
惠（惠王）	1685	曾夭	1694
惠子（國夏）	1465	曾阜	1695
惠子（甯殖）	1891	朝吳	1696
惠公（晉侯夷吾）	1335	期	0586
惠公〔魯〕	1684	期思公復遂	1697
惠公（齊侯元）	1975	棄	1698
惠公（衛侯朔）	2188	棄疾〔楚〕	1699
惠王（章）	1555	棄疾（楚子居）	1801
惠王〔周〕	1685	棠公	1700
惠后	1686	棠君尚	1704
惠伯（子服椒）	0103	棠姜	1701
惠伯（叔仲彭生）	0962	棠無咎	1702
惠叔	2340	椒（子服椒）	0103
惠牆伊戾	0763	椒〔過〕	1703
惡	1687	椒（鬭椒）	2416
提彌明	1688	椒鳴	1704

椒舉	0708	無虧	0247
款	1841	然丹	1720
殖	0914	然明	1721
殖綽	1705	爲	1934
渠子	1706	犀	0649
渠孔	1707	犂	1722
渠丘公	1569	犂比公	1474
溫子	1708	犂彌	1723
溫季	1420	琴張	1724
游吉	1709	甯子（甯俞）	1887
游孫伯	1710	甯子（甯嘉）	1890
游販	1711	甯子（甯殖）	1871
游速	1712	甯俞	1887
游楚	0378	甯武子	1887
湣竈	1713	甯相	1888
渾罕	1712	甯莊子	1889
渾良夫	1714	甯速	1889
渾敦	1715	甯喜	1890
湯	1457	寧惠子	1891
焚如	1716	甯殖	1891
無宇（申無宇）	0648	甯跪	1892
無宇（陳無宇）	1634	甯跪	1893
無忌	2271	甯嬴	1894
無咎	1444	登	1749
無知	0372	發	1725
無恤	1717	喬似	1220
無畏	0448	禽父	0824
無終子嘉父	1718	禽鄭	1716
無極	1764	程滑	1727
無感	1719	程鄭	1728
無駭	0580	結	0807

絞	1250
絲	1229
絳	2322
舒子平	1730
舒鳩子	1731
舜	1732
華元	1733
華父督	1734
華亥	1735
華仲	1736
華合比	1737
華多僚	1738
華臣	1739
華免	0017
華吳	1740
華周	1754
華妵	1741
華定	1742
華弱	1743
華豹	0846
華寅	1744
華御事	1745
華牼	1746
華喜	1747
華椒	1748
華登	1749
華費遂	1750
華齊	1751
華耦	1752
華閱	1753
華龍滑	0560
華還	1754
華貙	1755
萇弘	1756
萇叔	1756
萊子	1757
萊共公浮柔	1757
萊書	1758
萊章	1759
萊駒	1760
視	1761
訾敖	0182
買	1762
買朱鉏	1474
費	1323
費伯	1763
費庈父	1763
費無極	1764
賁皇	1215
越子	1765
越子句踐	1765
越王	1765
鄂侯	1766
鄍子士	1767
鄅子	1768
鄅夫人	1769
閔子馬	1770
閔公（捷）	1506
閔公〔魯〕	1771
閔馬父	1770
陽	0411
陽子	1776

陽令終	1772	䲭子	0719
陽匄	1773	䲭季	0023
陽生	1979	䲭裘	1789
陽州	1774	微子啓	1790
陽虎	1775	微虎	1791
陽處父	1776	意如	1026
陽越	1777	意恢	0258
隆	1811	意諸	0583
須（司城須）	0582	敬子	0958
須〔魯〕	1778	敬王	1792
須句子	1779	敬仲（公子完）	0199
須務牟	1780	敬仲（高傒）	1441
馮	0860	敬叔	1946
馮簡子	1781	敬姒	1793
黃	0256	敬嬴	1794
黃夷	1782	敬歸	1795
黃帝	1783	新築人仲叔于奚	1796
黃帝氏	1783	會（士會）	0018
黃淵	1784	會〔魯〕	1797
黑肱	1785	會（臧會）	1735
黑背	0098	楊石	1798
黑要	1786	楊肸	0789

十三畫

價剽䲭微意敬敬新會楊楚歂溷溺滑熙煬瑕瑗督稠舅與葉葛董虞蛾裔解該詹賈辟遂過道達鄔郵鉏隗雍靖頓氅鼓

僓埑	1787	楊食我	1798
剽	0376	楊孫	1799
䲭	1788	楊豚尹宜	1800
		楚	0378
		楚子（世子商臣）	0519
		楚子（章）	1555
		楚子（楚子居）	1801
		楚子（楚子昭）	1802
		楚子（楚子旅）	1803

楚子（楚子虔）	1804	楚靈王	1804
楚子（楚子軫）	1805	歂犬	0259
楚子（楚子審）	1806	歂孫	1812
楚子（楚文王）	1808	溷	1813
楚子（楚武王）	1809	溺	1814
楚子（頵）	2212	滑伯	1815
楚子居	1801	滑羅	1816
楚子昭	1802	熙	1817
楚子旅	1803	煬公	1818
楚子虔	1804	瑕（公子瑕）	0261
楚子軫	1805	瑕（王子瑕）	0473
楚子審	1806	瑕呂飴甥	1819
楚子麇	1807	瑕辛	1820
楚公子	0182	瑕叔盈	1821
楚文王	1808	瑕甥	1819
楚王（楚子居）	1801	瑕禽	1822
楚王（楚子昭）	1802	瑕嘉	1841
楚王（楚子虔）	1804	瑗	2358
楚王（楚子審）	1806	督	1734
楚王（頵）	2212	督戎	1823
楚丘	0004	稠	1824
楚平王	1801	稠父	0263
楚瓦	2363	舅氏（狐偃）	1094
楚共王	1806	舅氏（管夷吾）	1920
楚武王	1809	與夷	1825
楚建	0034	葉公	0926
楚昭王	1805	葉公諸梁	0926
楚康王	1802	葛嬴	1826
楚莊夫人	1810	葛盧	0169
楚莊王	1803	董	1827
楚隆	1811	董父	1828

董安于	1829	賈舉〔齊〕	0915
董叔	1830	賈舉〔齊〕	1854
董狐	1831	辟司徒	1855
虞	1832	遂（公子遂）	0265
虞公	1833	遂（虞遂）	1838
虞丘書	1834	過（內史過）	0176
虞仲	1835	過（甘過）	0629
虞叔	1836	過〔周〕	1856
虞思	1837	道朔	1857
虞遂	1838	達	0428
虞關父	1839	鄔臧	1858
蛾析	1840	鄖公辛	2406
裔款	1841	鄖公鍾儀	1859
解狐	1842	鉬（公子鉬）	0268
解張	1843	鉬（徐鉬）	1320
解揚	1844	鉬麑	1860
該	1845	陒氏	1861
詹父	1846	雍）	0270
詹桓伯	1847	雍子	1862
詹嘉	1848	雍巫	1863
賈（公子買）	0253	雍糾	1864
賈（王孫賈）	0500	雍姑	1865
賈（臧賈）	1936	雍姬	1866
賈伯	1849	雍鉬	1867
賈佗	0064	雍廩	1868
賈君	1850	靖侯	1869
賈辛	1851	碩子〔碩〕	1870
賈季	1093	碩子（頓子牄）	1871
賈寅	1852	頓子牄	1871
賈華	0574	髡頑	2123
賈獲	1853	鼓子	1872

賓滑	1949	趙獲	1968
趙	1960	趙襄子	1717
趙文子	1953	趙簡子	1965
趙同	1950	趙羅	1969
趙夙	1951	趙鞅	1970
趙成	1952	輒	2192
趙成子	1960	輔躒	1971
趙孟（無恤）	1717	鄩武子	1109
趙孟（趙武）	1953	鄩將師	1972
趙孟（趙盾）	1956	鞅（士鞅）	0021
趙孟（趙鞅）	1965	鞅（趙鞅）	1965
趙武	1953	鞅（諸御鞅）	2201
趙姬	1954	齊	0069
趙宣子	1956	齊子（叔老）	0963
趙括	1955	齊子〔衛〕	1973
趙盾	1956	齊子（齊惡）	1987
趙穿	1957	齊子氏	1986
趙旃	1958	齊小白	1974
趙朔	1959	齊孝公	1977
趙衰	1960	齊使（公子商人）	0231
趙莊子	1959	齊侯（世子光）	0514
趙莊姬	1961	齊侯（齊侯小白）	1974
趙傁	1958	齊侯（齊侯元）	1975
趙勝	1962	齊侯（齊侯杵臼）	1976
趙景子	1952	齊侯（齊侯昭）	1977
趙朝	1963	齊侯（齊侯無野）	1978
趙陽	1964	齊侯（齊侯陽生）	1979
趙鞅	1965	齊侯（齊侯祿父）	1980
趙稷	1966	齊侯（齊侯潘）	1981
趙嬰	1967	齊侯（齊侯環）	1982
趙嬰齊	1967	齊侯（諸兒）	2200

十五畫

儀儋劉劇厲嫠嬀寬庄徵慧慮慶
摯樊樓殤滕潁潘潞澆瘠盤穀窮
箴縣紙緩羯翩翬蔑蔓蔡虢褚豎
賜鄧鄎鄲鄭鄭銳閭隤鞏養駒駟
駟魯魴黎

劉難	2000	慶樂	2017
劉獻公	1992	慶鄭	2018
劀	1523	慶繩	2013
厲	2002	摯荒	2019
厲公（陳侯躍）	1627	樂	2387
厲公〔宋〕	2001	樂丁	2020
厲公（鄭伯突）	2118	樂大心	2021
厲王	2002	樂王鮒	2022
厲嬀	2003	樂正后夔	2023
嫛	2166	樂朱鉏	2024
嬀	2004	樂耳	2025
嬀氏	2004	樂伯	2026
寬	0388	樂呂	2027
廚人濮	2005	樂成	2028
廚子	2326	樂祁	0811
廚武子	2326	樂祁犂	0811
徵舒	1272	樂舍	2029
慧	1310	樂桓子	2022
慮癸	2006	樂筏	2030
慶比	2007	樂得	2031
慶氏	2008	樂喜	2032
慶父	0278	樂裔	2033
慶佐	2009	樂遄	2034
慶克	2010	樂頎	2035
慶舍	2011	樂髡	2036
慶季	2014	樂輓	2037
慶虎	2012	樂徵	2038
慶戣	2013	樂霄	2039
慶封	2014	樂豫	2040
慶寅	2015	樂嬰齊	2041
慶嗣	2016	樂舉	2042

樂懼	2043	潘子	2057
樂轡	2044	潘子臣	2058
樊皮	2045	潘父	2059
樊仲皮	2045	潘尪	2060
樊頃子	2046	潘崇	2061
樊齊	2046	潘黨	2062
樊遲	1778	潞子	2063
樓嬰	1967	潞子嬰兒	2063
殤公	1825	澆	0778
滕子（滕子原）	2047	瘠	2064
勝子（滕子結）	2048	盤庚	2065
滕子（勝子寧）	2050	穀（右宰穀）	0575
滕子（滕子嬰齊）	2051	穀〔魯〕	2066
滕子（滕文公）	2052	穀伯	2067
滕子（滕侯）	2054	穀伯綏	2067
滕子（滕昭公）	2055	穀陽豎	2068
滕子原	2047	穀榮	2069
滕子結	2048	窮奇	2070
滕子虞母	2049	箴尹	2071
滕子寧	2050	箴尹克黃	2071
滕子嬰齊	2051	箴尹固	2293
滕文公	2052	縣房甥	2072
滕成公	2047	緡	2073
滕侯〔滕〕	2053	緩	2017
滕侯〔滕〕	2054	羯	0690
滕宣公	2051	翩	0389
滕昭公	2055	翬	0286
滕悼公	2050	蔑（仲孫蔑）	0691
滕頃公	2048	蔑（然明）	1721
滕隱公	2049	蔓成然	2405
穎考叔	2056	蔡	2077

鄭詹	0983	駟歂	2151
鄭僖公	2123	魯公	0824
鄭厲公	2118	魯文公	2152
鄭翩	2134	魯申	2153
鄭穆	2128	魯侯（公子宋）	0198
鄭穆公	2128	魯侯（公子裯）	0263
鄭襄公	2119	魯侯（成公）	0879
鄭簡公	2124	魯莊公	0083
鄭羅	2135	魴	2154
鄭獻公	2127	魴假	2155
鄭靈公	0029	黎侯	2156
銳司徒	2136		

閭丘明	2137
閭丘息	2138
閭丘嬰	2139
隤敳	2140
鞏伯	2142
鞏成	2141
鞏朔	2142
鞏簡公	2143
養由基	2144
養叔	2146
養甥	2145
駒伯	2428
駟	2147
駟乞	2146
駟弘	2147
駟赤	1237
駟秦	2148
駟偃	2149
駟帶	2150

衛侯（衛侯朔）	2188	諸兒	2200
衛侯（衛侯速）	2189	諸御鞅	2201
衛侯（衛侯惡）	2190	諸梁	0926
衛侯（衛侯臧）	2191	諸鞅	2202
衛侯（衛侯輒）	2192	諸樊	0839
衛侯（衛侯鄭）	2193	賴子	2203
衛侯（衛侯燬）	2194	遺（大叔遺）	0055
衛侯（衛懿公）	2199	遺（南遺）	1145
衛侯元	2185	閻沒	2204
衛侯衍	2186	閻敖	2205
衛侯晉	2187	閻嘉	2206
衛侯朔	2188	閻職	2207
衛侯速	2189	關伯	2208
衛侯惡	2190	隨季	0018
衛侯臧	2191	隨武子	0018
衛侯輒	2192	隨侯	2209
衛侯鄭	2193	隨侯	2210
衛侯燬	2194	隨會	0018
衛姬	2195	霍伯	0711
衛宣公	2187	頭須	2211
衛桓公	0872	頯	2212
衛康叔	2196	頹	0476
衛莊公（世子蒯聵）	0522	頹叔	2213
衛莊公〔衛〕	2197	鮑	1490
衛賜	2198	鮑子	2215
衛穆公	2189	鮑文子	2217
衛襄公	2190	鮑叔	2214
衛懿公	2199	鮑叔牙	2214
衛獻公	2186	鮑牧	2215
衛靈公	2185	鮑癸	2216
衡父	0409	鮑國	2217

引書表

甲、經　部

1. 《尚書》，孔氏傳，唐・孔穎達疏，阮刻本，藝文印書館印行。
2. 《詩經》，漢・毛亨傳・鄭玄箋，唐・孔穎達疏，阮刻本，藝文印書館印行。
3. 《周禮》，漢・鄭玄注，唐・賈公彥疏，阮刻本，藝文印書館印行。
4. 《儀禮》，漢・鄭玄注，唐・賈公彥疏，阮刻本，藝文印書館印行。
5. 《禮記》，漢・鄭玄注，唐・孔穎達疏，阮刻本，藝文印書館印行。
6. 《大戴禮記》，漢・戴德編，四部叢刊本，商務印書館印行。
7. 《左傳》，周・左丘明撰，晉・杜預注，唐・孔穎達疏・陸德明釋文，清・阮元校勘記阮刻本，藝文印書館印行。
8. 《公羊傳》，漢・公羊壽傳、何休解詁，唐・徐彥疏，阮刻本，藝文印書館印行。
9. 《穀梁傳》，晉・范甯集解，唐・楊士勛疏，阮刻本，藝文印書館印行。
10. 《論語》，魏・何晏集解，宋・邢昺疏，阮刻本，藝文印書館印行。
11. 《孟子》，周・孟軻撰，漢・趙岐注，宋・孫奭疏，阮刻本，藝文印書館印行。
12. 《爾雅》，晉・郭璞注，宋・邢昺疏，阮刻本，藝文印書館印行。
13. 《漢石經集存》，馬衡撰，聯貫出版社印行。
14. 《唐石十三經》，世界書局印行。
15. 《韓詩外傳》，漢・韓嬰撰，四部叢刊本，商務印書館印行。
16. 《白虎通德論》，漢・班固撰，四部叢刊本，商務印書館印行。
17. 《春秋釋例》，晉・杜預撰，中華書局印行。

18. 《四書集注》，宋‧朱熹撰，藝文印書館印行。

19. 《春秋分紀》，朱‧程公說撰，四庫全書珍本初集。

20. 《春秋名號歸一圖》，宋‧馮繼先撰，通志堂經解本，大通書局印行。

21. 《左傳杜解補正》，清‧顧炎武撰，皇清經解本，漢京文化事業有限公司印行。

22. 《春秋簡書刊誤》，清‧毛奇齡撰，皇清經解本，漢京文化事業有限公司印行。

23. 《春秋毛氏傳》，清‧毛奇齡撰，皇清經解本，漢京文化事業有限公司印行。

24. 《春秋世族譜》，清‧陳厚耀撰，百部叢書集成本，藝文印書館印行。

25. 《春秋大事表》，清‧顧棟高撰，皇清經解續編本，漢京文化事業有限公司印行。

26. 《左傳人名辨異》，清‧程廷祚撰，百部叢書集成本，藝文印書館印行。

27. 《春秋左傳補註》，清‧惠棟撰，皇清經解本，漢京文化事業有限公司印行。

28. 《經韵樓集》，清‧段玉裁撰，皇清經解本，漢京文化事業有限公司印行。

29. 《春秋左傳詁》，清‧洪亮吉撰，皇清經解續編本，漢京文化事業有限公司印行。

30. 《禮記集解》，清‧孫希旦撰，文史哲出版社印行。

31. 《左通補釋》，清‧梁履繩撰，皇清經解續編本，漢京文化事業有限公司印行。

32. 《經學卮言》，清‧孔廣森撰，皇清經解本，漢京文化事業有限公司印行。

33. 《春秋公羊通義》，清‧孔廣森撰，皇清經解本，漢京文化事業有限公司印行。

34. 《尚書今古文注疏》，清‧孫星衍撰，皇清經解本，漢京文化事業有限公司印行。

35. 《問字堂集》，清‧孫星衍撰，皇清經解本，漢京文化事業有限公司印行。

36. 《春秋左氏古義》，清‧臧壽恭撰，皇清經解續編本，漢京文化事業有限公司印行。

37. 《春秋左傳補疏》，清‧焦循撰，皇清經解本，漢京文化事業有限公司印行。

38. 《春秋左傳補注》，清‧馬宗璉撰，皇清經解本，漢京文化事業有限公司印行。

39. 《春秋異文箋》，清‧趙坦撰，皇清經解本，漢京文化事業有限公司印行。

40. 《揅經室集》，清‧阮元撰，皇清經解本，漢京文化事業有限公司印行。

41. 《經義述聞》，清·王引之撰，皇清經解本，漢京文化事業有限公司印行。

42. 《春秋名字解詁（收入經義述聞中)》，清·王引之撰，皇清經解本。

43. 《周秦名字解故補》，清·王萱齡撰，百部叢書集成續編本，藝文印書館印行。

44. 《春秋左氏傳補注》，清·沈欽韓撰，皇清經解續編本，漢京文化事業有限公司印行。

45. 《春秋時人名字釋》，清·張澍撰，養素堂文集，聯經出版事業公司印行。

46. 《毛詩傳箋通釋》，清·馬瑞辰撰，廣文書局印行。

47. 《左傳杜註辨證》，清·張聰咸撰，百部叢書集成續編本，藝文印書館印行。

48. 《詩毛氏傳疏》，清·陳奐撰，皇清經解續編本，漢京文化事業有限公司印行。

49. 《春秋左氏傳舊注疏證》，清·劉文淇撰，中文出版社印行。

50. 《論語正義》，清·劉寶楠撰，皇清經解續編本，漢京文化事業有限公司印行。

51. 《公羊義疏》，清·陳立撰，皇清經解續編本，漢京文化事業有限公司印行。

52. 《春秋名字解詁補義》，清·俞樾撰，皇清經解續編本，漢京文化事業有限公司印行。

53. 《群經平議》，清·倒樾撰，河洛圖書出版社印行。

54. 《駁春秋名字解詁》，清·胡元玉撰，皇清經解續編本，漢京文化事業有限公司印行。

55. 《春秋經傳引得》，哈佛燕京學社編，南嶽出版社印行。

56. 《春秋時代之世族》，孫曜撰，華世出版社印行。

57. 《春秋左氏傳地名圖考》，程發軔先生撰，廣文書局印行。

58. 《詩經釋義》，屈萬里撰，華崗出版社印行。

59. 《春秋大事表列國爵姓及存滅表譔異》，陳槃撰，中央研究院史語所專刊。

60. 《不見于春秋大事表之春秋方國稿》，陳槃撰，中央研究院史語所專刊。

61. 《周秦名字解詁彙釋》，周法高撰，中華叢書編審委員會印行。

62. 《周秦名字解詁彙釋補編》，周法高撰，中華叢書編審委員會印行。

63. 《春秋左傳注》，楊伯峻撰，源流出版社印行。

64. 《論語譯注》，楊伯峻撰，源流出版社印行。

65. 《左傳輯釋》，日·安井衡撰，廣文書局印行。

66. 《左傳會箋》，日・竹添光鴻撰，鳳凰出版社印行。

67. 《左傳人名地名索引》，日・重澤俊郎撰，廣文書局印行。

68. 《說文解字注》，漢・許慎撰，清・段玉裁注，蘭臺書局印行。

69. 《廣雅疏證》，魏・張揖撰，清・王念孫疏證，鼎文書局印行。

70. 《校正宋本廣韻》，宋・陳彭年等重修，藝文印書館印行。

71. 《說文通訓定聲》，清・朱駿聲撰，藝文印書館印行。

乙、史地部

1. 《周書集訓校釋》，清・朱右曾集訓校釋，商務印書館印行。

2. 《國語》，漢・韋昭解，里仁書局印行。

3. 《世本八種》，清・秦嘉謨等輯，西南書局印行。

4. 《山海經箋疏》，晉・郭璞注，清・郝懿行箋疏，藝文印書館印行。

5. 《戰國策》，漢・劉向集錄，里仁書局印行。

6. 《史記會注考證》，漢・司馬遷撰，宋・裴駰集解，唐・司馬貞索隱・張守節正義，日瀧川龜太郎考證，宏業書局印行。

7. 《古列女傳》，漢・劉向撰，四部叢刊本，商務印書館印行。

8. 《新序》，漢・劉向撰，世界書局印行。

9. 《說苑》，漢・劉向撰，世界書局印行。

10. 《漢書》，漢・班固撰，唐・顏師古注，鼎文書局印行。

11. 《吳越春秋》，漢・趙曄撰，國學基本叢書，商務印書館印行。

12. 《孔子家語疏證》，清・陳士珂疏證，人人文庫本，商務印書館印行。

13. 《後漢書》，宋・范曄撰，唐・李賢注，鼎文書局印行。

14. 《三國志集解》，晉・陳壽撰，宋・裴松之注，盧弼集解，藝文印書館印行。

15. 《水經注》，後魏・酈道元撰，清・戴震校，世界書局印行。

16. 《晉書》，唐・房玄齡等撰，鼎文書局印行。

17. 《史通釋評》，唐・劉知幾撰，清・蒲起龍釋，呂思勉評，華世出版社印行。

18. 《新唐書》，宋・歐陽修、宋祁等撰，武英殿刊本，藝文印書館印行。

19. 《路史》，宋・羅泌撰，四部備要本，中華書局印行。

20. 《考信錄》，清・崔述撰，世界書局印行。

21. 《春秋會要》，清・姚彥渠撰，世界書局印行。

22. 《史記志疑》，清・梁玉繩撰，學生書局印行。

23. 《史記探源》，崔適撰，廣城出版社印行。

丙、子部

1. 《荀子集解》，周·荀況撰，唐·楊倞注，清·王光謙集解，藝文印書館印行。
2. 《晏子春秋集釋》，周·晏嬰撰，吳則虞集釋，鼎文書局印行。
3. 《莊子集釋》，周·莊周撰，清·郭慶潘集釋，河洛圖書出版社印行。
4. 《韓非子集釋》，周·韓非撰，陳奇猷集釋，河洛圖書出版社印行。
5. 《呂氏春秋》，秦·呂不韋撰，漢·高誘注，藝文印書館印行。
6. 《淮南子》，漢·劉安撰，漢·許慎注，藝文印書館印行。
7. 《論衡校釋》，漢·王充撰，黃暉校釋，商務印書館印行。
8. 《潛夫論箋》，漢·王符撰，清·汪繼培箋，世界書局印行。

丁、其他

1. 《文選》，梁·昭明太子集，藝文印書館印行。
2. 《匡謬正俗》，唐·顏師古撰，國學基本叢書，商務印書館印行。
3. 《元和姓纂》，唐·林寶撰，四庫全書珍本別集，商務印書館印行。
4. 《通志略》，宋·鄭樵撰，何天馬校，里仁書局印行。
5. 《原鈔本日知錄》，清·顧炎武撰，明倫出版社印行。
6. 《顧亭林遺書十種》，清·顧炎武撰，進學書局印行。
7. 《十駕齋養新錄》，清·錢大昕撰，世界書局印行。
8. 《積古齋鐘鼎彝器款識》，清·阮元撰，藝文印書館印行。
9. 《癸巳存稿》，清·俞正燮撰，國學基本叢書，商務印書館印行。
10. 《古書疑義舉例續補（與古書疑義舉例合爲一冊）》，楊樹達撰，文馨出版社印行。
11. 《觀堂集林》，王國維撰，河洛圖書出版社印行。
12. 《金文世族譜》，吳其昌撰，中央研究院史語所專刊。
13. 《金文叢考》，郭某撰。
14. 《周代金文圖錄及釋文》，郭某撰，臺灣大通書局印行。
15. 《甲骨文所見氏族及其制度》，丁山撰，臺灣大通書局印行。
16. 《積微居金文說》，楊樹達撰，臺灣大通書局印行。
17. 《甲骨學商史論叢》，胡厚宣撰，臺灣大通書局印行。
18. 《中國古代宗族移殖史論》，劉節撰，正中書局印行。
19. 《中國古代社會史》，李宗侗撰，中華文化出版事業委員會印行。
20. 《中國人名的研究》，蕭遙天撰，臺菁出版社印行。

21. 《五等爵說研究》，邱信義撰，碩士論文。

22. 《大東小東說》，傅斯年撰，見傅斯年全集冊三，聯經出版事業公司印行。

23. 《論所謂五等爵》，傅斯年撰，見傅斯年全集冊三，聯經出版事業公司印行。

24. 《易牙非齊人考》，楊樹達撰，清華學報十三卷一期。

25. 《卜辭姓氏通釋之一》，魯實先先生撰，東海學報第一期。

26. 《晉之始封》，高去尋撰，大陸雜誌一卷四期。

27. 《侯與射侯》，陳槃撰，中央研究院史語所集刊第二十二本。

季旭昇　跋

　　《左傳》是先秦典籍中的重要著作，敘事詳贍，文辭艷富，跌宕不群，
縱橫自得，是研究春秋歷史一定要參考的書，兩千餘年來備受喜愛，晉朝杜
預自稱有「左傳癖」，可見《左傳》的迷人程度。在「清華大學藏戰國竹簡」
公布後，相關的史事考證，更是離不開《左傳》。

　　但是，《左傳》人物複雜，是閱讀《左傳》者的共同苦惱。《左傳》中的
人物，超過兩千四百人，每個人的稱謂可以有姓、氏、名、字、行次、謚、
爵、號等不同方式，再加上與子、父、孫、公、王、君等附加字排列組合，
構成一個極其複雜的稱謂系統，清人程廷祚曾說：「《左氏》于一人之身，而
名號錯陳；一篇之中，而判若甲乙。創矣而不經，華矣而弗則，由古以來未
有也。」道盡了《左傳》人物名號的複雜情況。

　　方炫琛先生是我的同門師兄，為人樸質誠篤，從來只會為別人著想，所
有認識他的人都非常喜歡他。為學細心周密，所撰博士論文《左傳人物名號
研究》一書，把《左傳》中的人物名號搜羅無遺，詳考古今學者著作之說，
一一釐定其人物歸屬、稱號性質，然後把先秦人物姓氏名字爵號的源流演變、
規矩制度、文化意義考證明白，是一本非常傑出的著作，讀《左傳》者從此
不再苦於書中的人名稱謂。2001 年李學勤先生應聘到新竹的清華大學中文系
客座，與我聊到《左傳》的參考著作，對方教授的這本書非常推崇。我個人
在撰寫〈從𨰠國銅器談詩經「彼其之子」的新解〉一文，得力於方教授的博士
論文甚多，學界多位學者凡是談到先秦人物名號，也無不必檢方教授此書。
此書之重要，可以想見。

　　但是，方教授此書一直沒有出版，方教授仙逝之前曾跟我聊過要出版此書，我也答應要玉成其事。十餘年過去了，現在終於了此心願，可以告慰方教授在天之靈。曾任按察使銜分巡台灣兵備道的清代大學者胡承珙晚年撰成《詩經》學名著《毛詩後箋》，歿後囑陳奐代爲校讎出版，陳奐還把胡承珙〈泮水〉以下未完的部分替他補完，傳爲學術佳話。我雖遠不如陳奐，而方教授此書必可方於《毛詩後箋》，能爲方教授出版此書，我也備感榮幸。

　　本書作者簡介部分承蒙盧心懋學長提供資料；校勘工作由我的學生們分擔，駱珍伊校 1～94 頁、陳萌萌校 95～190 頁、邱京校 191～382 頁、黃澤鈞校 383～446 頁、范天培校 447～580 頁，均極感謝。方教授夫人莊女士，由於我的疏忽，未能聯絡並徵得同意，深感抱歉。但看到此書終能出版，嘉惠學林，相信方女士也會非常欣慰。

丁酉年八月三十日　季旭昇　跋於台北